1

a)	b)	c)	d)
3 · 6 = ____	7 · 6 = ____	9 · 3 = ____	7 · 7 = ____
2 · 8 = ____	9 · 4 = ____	8 · 7 = ____	8 · 8 = ____
4 · 7 = ____	5 · 9 = ____	5 · 8 = ____	9 · 9 = ____

2

a)	b)	c)	d)
16 : 2 = ___	32 : 8 = ___	48 : 6 = ___	81 : 9 = ___
24 : 3 = ___	27 : 9 = ___	63 : 9 = ___	49 : 7 = ___
28 : 4 = ___	45 : 5 = ___	56 : 7 = ___	36 : 6 = ___

3

a)	b)	c)	d)
____ : 7 = 4	____ : 8 = 9	____ : 3 = 7	____ : 8 = 8
____ : 4 = 4	____ : 3 = 6	____ : 7 = 9	____ : 5 = 5
____ : 9 = 4	____ : 4 = 8	____ : 8 = 6	____ : 4 = 5

4

691 + 8 = ______

648 + 9 = ______

313 + 7 = ______

430 + 37 = ______

120 + 200 = ______

5

339 − 5 = ______

704 − 8 = ______

584 − 40 = ______

914 − 15 = ______

1 000 − 101 = ______

689 − 32 = ______

6

106 + 106 + 8 = ______

490 + 100 + 7 = ______

860 − 200 − 3 = ______

503 − 200 − 7 = ______

Wir sind [4] _ _ _ _ _ _
die Großen hier,
denn wir sind in
[5] _ _ _ _ _ _
[6] _ _ _ _ !

220	296	320	334	467	544	597	657	696	699	899
V	R	T	K	Z	A	I	E	L	J	S

› **4–6** Aufgaben rechnen, Lösungsbuchstaben unten finden und den Satz vervollständigen.
› Den eigenen Lernstand einschätzen. Passend anmalen oder ankreuzen.

› **zu den Schulbuch-Seiten 4 u. 5**

1 Welche Zahlen werden am Zahlenstrahl angezeigt? Trage ein.

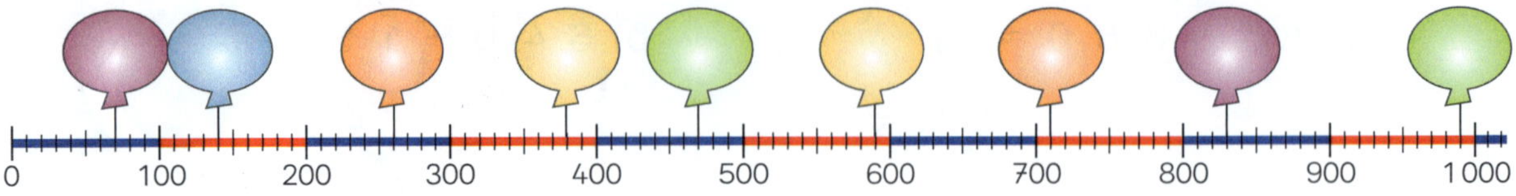

2 Schreibe den Vorgänger (V), den Nachfolger (N) oder die Zahl auf.

a)

V	Zahl	N
	721	
	168	
	354	

b)

V	Zahl	N
269		
		600
	400	

c)

V	Zahl	N
		801
	255	
		887

3 Bestimme die Nachbarzehner (NZ) und die Nachbarhunderter (NH).

a)

NH	NZ	Zahl	NZ	NH
		582		
		704		
		980		

b)

NH	NZ	Zahl	NZ	NH
		213		
		487		
		850		

4 Schreibe die Zahlen der Größe nach auf: 314, 552, 936, 341, 666, 525, 718, 616

_____ < _____ < _____ < _____ < _____ < _____ < _____ < _____

5 Vergleiche immer zwei Zahlen.

a) <

419 361
216 745 627
123 546 993

☐ < ☐
☐ < ☐
☐ < ☐
☐ < ☐

b) >

910 587
843 451 578
603 203 845

☐ > ☐
☐ > ☐
☐ > ☐
☐ > ☐

6

a) Wenn du meine Zahl halbierst und dann 250 addierst, erhältst du 680.

b) Wenn du von meiner Zahl 190 subtrahierst und das Ergebnis verdoppelst, erhältst du 900.

› 5 Zwei Zahlen wählen und vergleichen. Jede Zahl in der Wolke nur einmal verwenden. Es gibt verschiedene Lösungen. Diese mit denen eines anderen Kindes vergleichen.
› Den eigenen Lernstand einschätzen. Passend anmalen oder ankreuzen. Den Lernstand auch schriftlich reflektieren.

› zu Schulbuch-Seite 6

1 Löse auf deinem Weg.

a) 270 + 360 =

b) 640 + 180 =

c) 520 + 290 =

d) 430 + 490 =

2

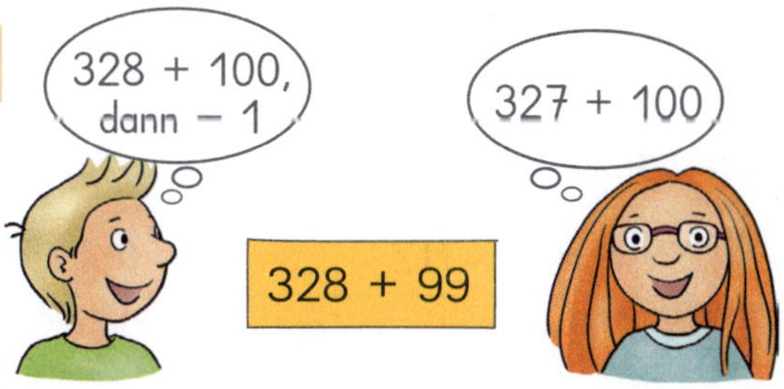

a) 328 + 99 = ______

b) 447 + 199 = ______

c) 256 + 299 = ______

d) 418 + 399 = ______

3 Schau dir die Zahlen zuerst an. Rechne dann vorteilhaft.

a) 420 − 160 + 180 ______

b) 770 − 80 + 30 ______

4 Löse auf deinem Weg.

a) 410 − 270 =

b) 630 − 360 =

c) 870 − 490 =

d) 740 − 290 =

5

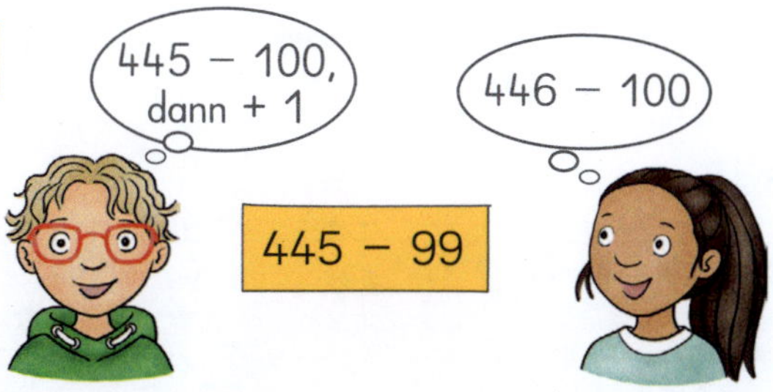

a) 445 − 99 = ______

b) 534 − 99 = ______

c) 826 − 199 = ______

d) 994 − 299 = ______

6 a) 560 + 170 − 260 ______

b) 435 + 150 − 35 ______

› **1** u. **4** Rechenwege mit denen eines anderen Kindes vergleichen.
› **2** u. **5** Die Aufgaben können auch zu zweit bearbeitet werden. Dabei über die Rechenwege sprechen.

› zu Schulbuch-Seite 7

1

	a)	b)	c)	d)	e)
	H Z E	H Z E	H Z E	H Z E	H Z E
	4 2 6	4 4 3	1 7 7	5 2 8	7 8 3
+	2 5 3	2 9 5	3 6 5	2 9 4	5 7

542 679 738 750 822 840

2 Nullen im Ergebnis.

	a)	b)	c)	d)	e)
	4 6 9	2 8 7	5 4 7	2 4 6	7 8 6
+	3 3 8	6 4 3	1 5 6	3 9 4	1 1 5

3 Welche Ziffern fehlen, damit die Rechnung stimmt?
Achte auf die Überträge.

	a)	b)	c)	d)	e)
	_ 6 _	_ 3 4	_ 3 7	3 4 9	2 _ 6
+	1 _ 5	3 _ _	2 _ 6	_ _ _	_ 8 _
	5 9 7	9 5 4	7 4 _	8 7 2	7 6 8

	f)	g)	h)	i)
	4 _ 3	_ 1 6	_ 5 _	6 _ 4
+	3 4 _	2 _ _	4 _ 8	1 3 _
	_ 9 5	7 9 4	8 9 4	_ 1 2

4

a) 287 + 68 + 425
b) 392 + 206 + 74
c) 75 + 318 + 63

5

	a)	b)	c)	d)	e)
	1 1 7	2 0 _	_ 1 8	1 8 6	_ _ _
	2 _ _	_ 5 5	1 _ 3	_ 2 4	2 7 6
+	3 0 5	3 9 3	2 0 _	1 _ 9	2 4 9
	_ 5 6	9 _ 7	7 9 5	8 7 _	8 9 0

6 Jedes Ergebnis hat die Quersumme 15.

a) Addiere 287, 305 und 26.
b) Addiere das Doppelte von 267 zu der Zahl 309.
c) Berechne die Summe von 65, 487 und 354.

› **1** Selbstkontrolle: Die Lösungszahl, die übrig bleibt, einkreisen und mit der eines anderen Kindes vergleichen.
› **6** Selbstkontrolle mit Hilfe der Quersumme.
Hinweis: Der Begriff „Quersumme" ist **kein verbindlicher Inhalt des LehrplanPLUS**.

› **zu Schulbuch-Seite 8**

1

	H	Z	E
a)	7	6	9
−	2	3	4

	H	Z	E
b)	6	4	5
−	5	8	2

	H	Z	E
c)	9	1	6
−	3	2	5

	H	Z	E
d)	5	4	2
−	1	3	4

	H	Z	E
e)	8	2	7
−	5	4	8

63 279 379 408 535 591

2 Nullen in den Zahlen.

a) 394 − 107
b) 801 − 634
c) 870 − 598
d) 642 − 408
e) 900 − 678

3 Jedes Ergebnis hat die Quersumme 12.

a) 902 − 368
b) 830 − 458
c) 375 − 84
d) 911 − 296

4 Jedes Ergebnis hat die Quersumme 18.

a) Subtrahiere 264 von 822.
b) Berechne die Differenz von 835 und 79.
c) Berechne die Differenz von 238 und 724.

5

a) 7 _ 1 − 2 6 _ = _ 3 4
b) _ 9 _ − 3 _ 5 = 3 8 9
c) 8 0 2 − _ _ _ = 1 2 6
d) 9 _ _ − _ 5 8 = 3 1 2
e) _ _ _ − 1 8 9 = 2 8 3

6 Zwei dieser drei Aufgaben sind falsch gerechnet.
Rechne sie richtig.

a) 817 − 568 = 251
b) 603 − 488 = 125
c) 931 − 679 = 252

› **1** Selbstkontrolle: Die Lösungszahl, die übrig bleibt, einkreisen und mit der eines anderen Kindes vergleichen.
› **3** u. **4** Selbstkontrolle mit Hilfe der Quersumme.
Hinweis: Der Begriff „Quersumme" ist **kein verbindlicher Inhalt des LehrplanPLUS**.

› **zu Schulbuch-Seite 9**

1 23 Kinder fahren mit ihrer Lehrerin mit dem Bus zum Tiergarten Nürnberg. Die Busfahrt dauert zwei Stunden. Jedes Kind muss 2,80 € für die Busfahrt bezahlen, Erwachsene bezahlen 6 €.
Der Eintritt in den Tiergarten kostet 7,20 € pro Kind. Jedes Kind bekommt aus der Klassenkasse einen Zuschuss von 1,00 € zum Eintritt.
Die Lehrerin hat freien Eintritt in den Tierpark.

a) Wie viel Euro muss ein Kind für den Ausflug bezahlen?

L: ______________________

A: ______________________

b) Wie viel Euro müssen alle Kinder zusammen bezahlen?

L:

Kinder	1		23
Geld	€		€

A: ______________________

c) Wie viel Euro kostet der Ausflug für alle Personen insgesamt?

L: ______________________

A: ______________________

2 Kai und Lea kaufen beim Schulfest Getränke und belegte Semmeln.
Kai kauft zwei Gläser Saft und drei Semmeln. Er bezahlt 8 €.
Lea kauft zwei Gläser Saft und zwei Semmeln. Sie bezahlt 6 €.
Wie viel Euro kostet eine belegte Semmel, wie viel Euro kostet ein Glas Saft?

L:

	Saft	belegte Semmeln	Preis zusammen
Kai			€
Lea			€
Unterschied			€

A: ______________________

3 Frau Birol geht mit ihren beiden Kindern in den Wildpark. Der Eintritt kostet insgesamt 13 €. Herr und Frau Baum zahlen mit ihren drei Kindern 23 €.
Wie viel Euro kostet der Eintritt für einen Erwachsenen, wie viel für ein Kind?

L:

Familie ______	______________	______	€
Familie ______	______________	______	€
	______________	______	€

A: ______________________

› zu den Schulbuch-Seiten 10 u. 11

1 a) Welche Dreierkette gehört zu welcher Sachsituation?
Male sie in der gleichen Farbe aus.

A: Pauline hat 46 € im Sparschwein und 327 € auf dem Sparbuch.

B: Der Fernseher kostet statt 890 € nur noch 780 €.

C: Der Computer kostet 627 €. Frau Meier bezahlt mit sieben 100-€-Scheinen.

Preis | alter Preis | Teilbetrag 1 | Gesamtbetrag | Rückgeld | Preisnachlass | gegebenes Geld | neuer Preis | Teilbetrag 2

b) Löse die Sachsituationen mit Hilfe der Dreierkette.

A
F: ______

L: [ ] [ ] [Gesamtbetrag]

_____ € (+) 327 € = _____ €

A: ______

B
F: ______

L: [ ] [ ] [Preisnachlass]

_____ € ( ) _____ € = _____ €

A: ______

C
F: ______

L: [ ] [ ] [ ]

_____ € ( ) _____ € = _____ €

A: ______

2 Ergänze den Text mit Hilfe der Dreierkette.

Gesamtpreis		Preis 1		Preis 2
448 €	( )	49 €	=	_____ €

Lisa bekommt zum Geburtstag ein Fahrrad und zusätzlich einen Fahrradhelm für _______ €. Beide Geschenke zusammen kosten _______ €.
_______________________ kostet _______ €.

1 Ergänze achsensymmetrisch. Vergleicht.

a)
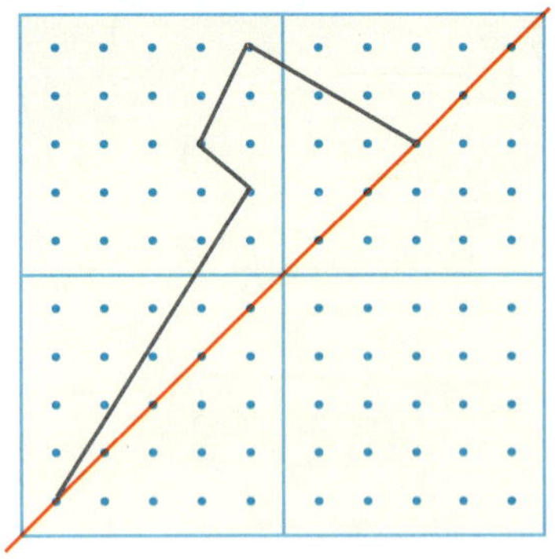
b)
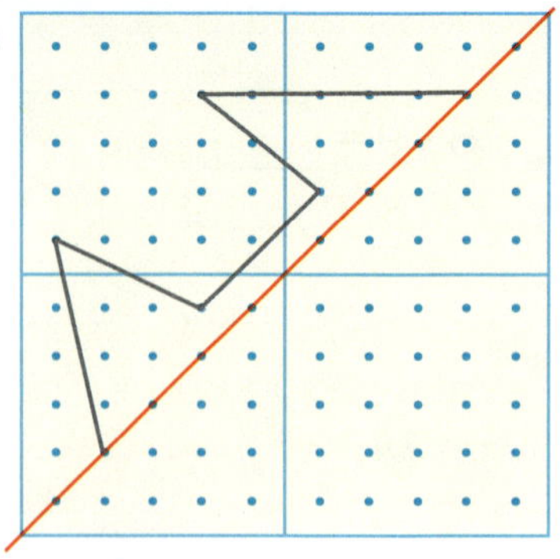
c)
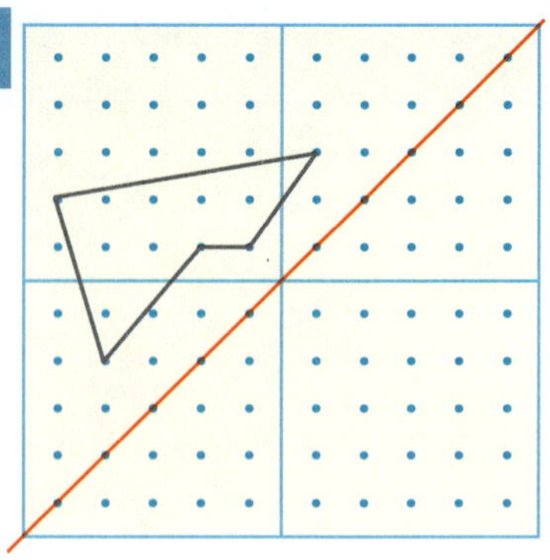

2 Ergänze achsensymmetrisch. Vergleicht.

a)
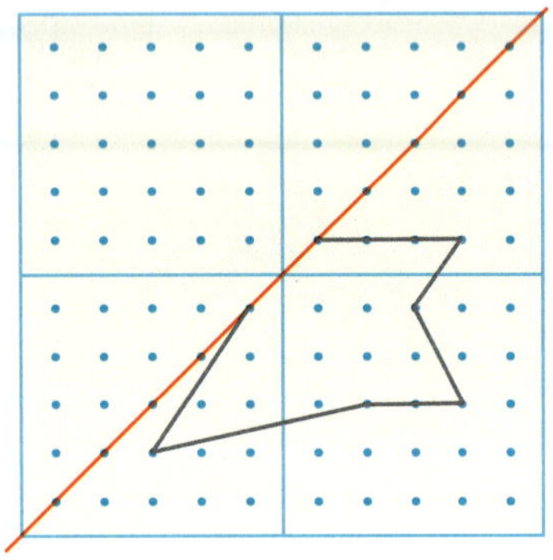
b)
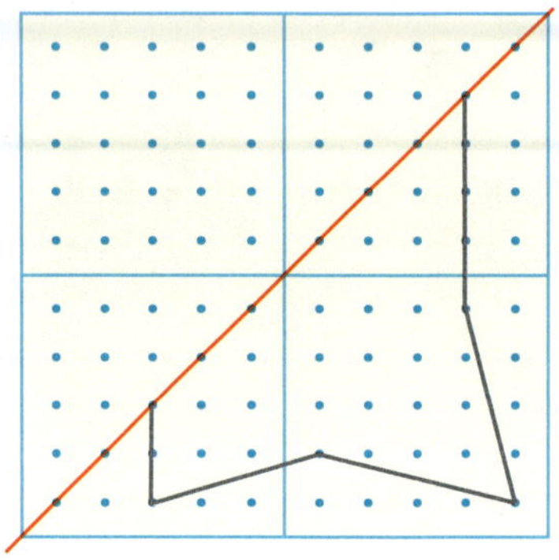
c)
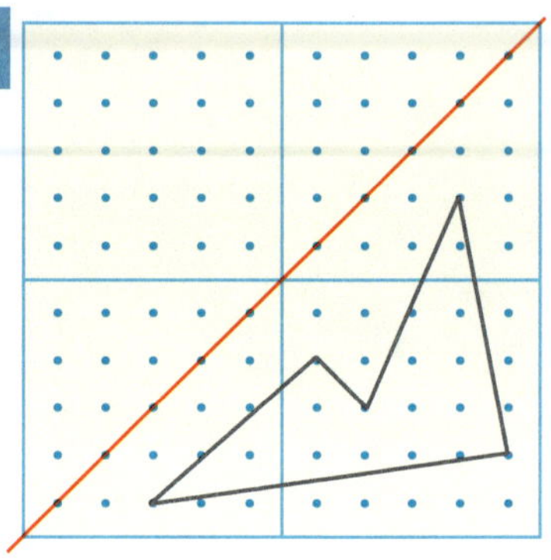

3 Ergänze achsensymmetrisch.
Beschreibe einem anderen Kind, wie du vorgegangen bist.

a)
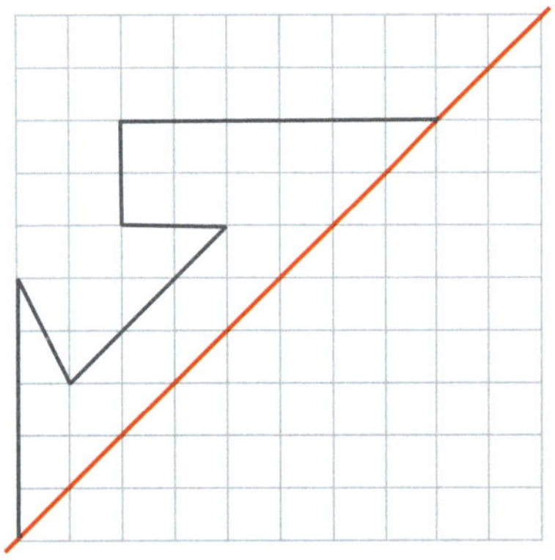
b)
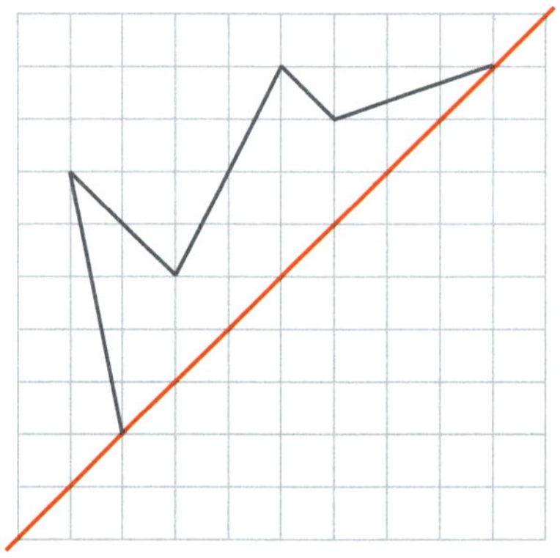
c)
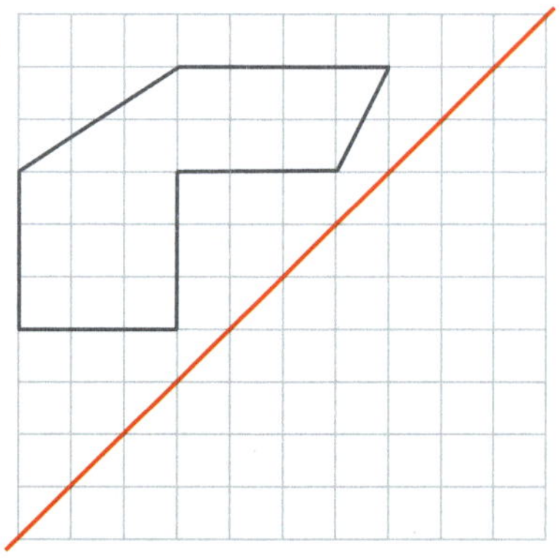

4 Richtig oder falsch? Markiert die Ecke, die falsch ist.

a)
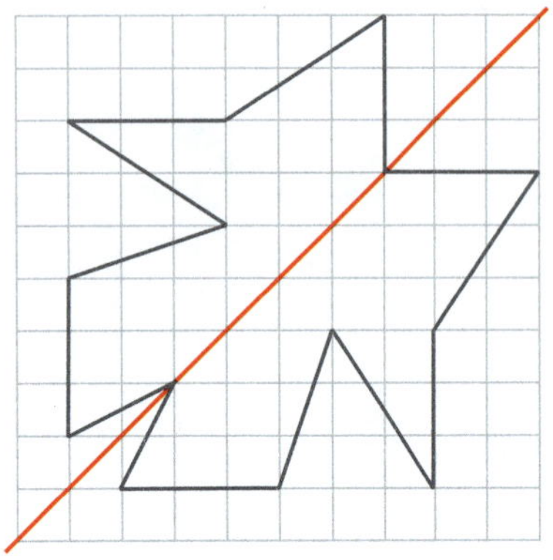
b)
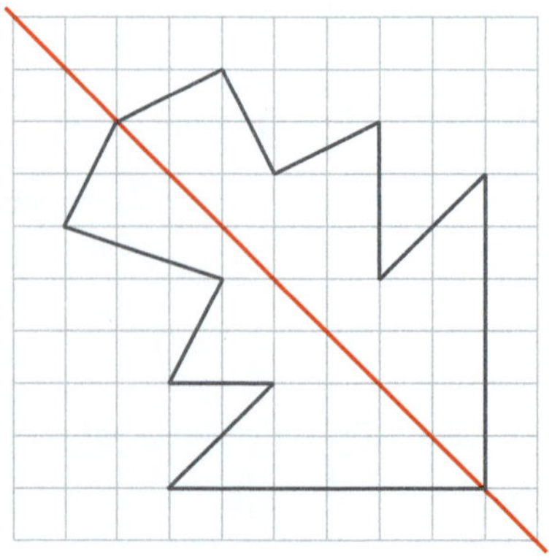
c)
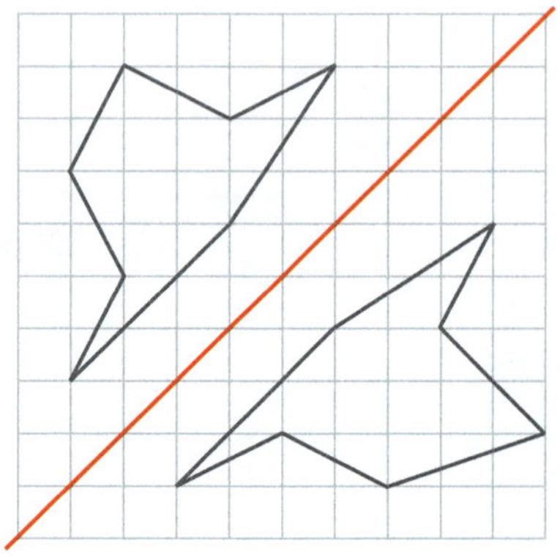

› **1–4** Bei Bedarf die Ergebnisse mit einem Spiegel prüfen.
› **4** Der jeweilige Fehler kann in beliebiger Hälfte markiert werden.

› **zu Schulbuch-Seite 15**

1 a) 5 · 7 = ____ b) 4 · 8 = ____ c) 3 · 5 = ____ d) 6 · 9 = ____

9 · 3 = ____ 7 · 6 = ____ 8 · 7 = ____ 5 · 8 = ____

6 · 8 = ____ 5 · 9 = ____ 9 · 4 = ____ 7 · 3 = ____

2 Schreibe auch die Umkehraufgabe und rechne.

a) 20 : 4 = ____ b) 35 : 5 = ____ c) 63 : 9 = ____ d) 56 : 7 = ____

________ ________ ________ ________

e) 45 : 5 = ____ f) 28 : 7 = ____ g) 36 : 6 = ____ h) 18 : 3 = ____

________ ________ ________ ________

3 a) 36 : 4 = ___ b) 21 : 7 = ___ c) 54 : 9 = ___ d) 64 : 8 = ____

63 : 7 = ___ 24 : 4 = ___ 42 : 6 = ___ 16 : 4 = ____

25 : 5 = ___ 27 : 3 = ___ 35 : 7 = ___ 100 : 10 = ____

4

	· 6	− 18	: 6
7			
5			
8			
9			

5 Verteile 13 Sticker. Jedes Kind soll gleich viele Sticker bekommen.
Wie viele Sticker bekommt jedes Kind? Wie viele Sticker bleiben übrig?

a) Es sind 3 Kinder.

L: ____________________

A: ____ Sticker bekommt jedes Kind.

____ Sticker ____________.

b) Es sind 5 Kinder.

L: ____________________

A: ____ Sticker bekommt jedes Kind.

____

6 In jedem Päckchen ist der Rest gleich. Finde jeweils eine weitere Aufgabe.

a) 11 : 5 = ________ b) 29 : 5 = ________ c) 22 : 5 = ________

21 : 5 = ________ 39 : 5 = ________ 42 : 5 = ________

________ ________ ________

› **4** Übungsformat „Kugelbahn": Mit der Startzahl beginnen. Schrittweise nacheinander die Rechenoperationen durchführen.
› **6** Es sind verschiedene Lösungen möglich. Diese mit denen eines anderen Kindes vergleichen.

› zu Schulbuch-Seite 17

1 Multipliziere mit 10.

14 · 10 = ____ 14 —·10→ ____

2 a) 16 · 10 = ____ b) 40 · 10 = ____ c) 10 · 84 = ____ d) 10 · 73 = ____

18 · 10 = ____ 53 · 10 = ____ 10 · 25 = ____ 10 · 48 = ____

3 Multipliziere mit Vielfachen von 10.

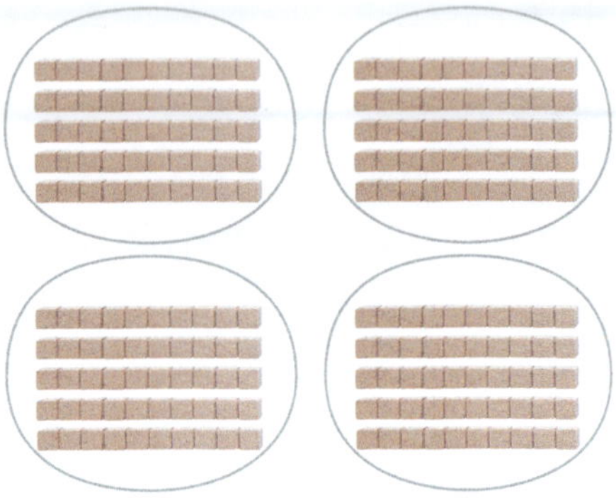

4 · 5Z = ____ 4 —·50→ ____

____ Z = ____ 4 —·5→ ____ —·10→ ____

4 · 50 = ____

4 a) 2 · 20 = ____ b) 9 · 40 = ____ c) 30 · 9 = ____ d) 80 · 8 = ____

3 · 20 = ____ 6 · 50 = ____ 80 · 5 = ____ 40 · 4 = ____

6 · 20 = ____ 6 · 30 = ____ 40 · 6 = ____ 20 · 8 = ____

5 Was fällt dir auf? Wie heißen die Aufgaben im letzten Päckchen?

a) 3 · 90 = ____ b) 4 · 70 = ____ c) 5 · 80 = ____ **d)** 6 · ____ = ____

9 · 30 = ____ 7 · 40 = ____ 8 · 50 = ____ 7 · ____ = ____

6 Kreise ein: a) die Vielfachen von 40 blau, b) die Vielfachen von 80 grün.

80 140 160 210 240 270 280 320 350 360

7 Vergleiche die Ergebnisse. Was fällt dir auf?

a) 4 · 80 = ____ b) 10 · 40 = ____ c) 6 · 70 = ____ d) 8 · 60 = ____

2 · 80 = ____ 5 · 40 = ____ 3 · 70 = ____ 4 · 60 = ____

e) Mir fällt auf: ________________________________

____

f) Schreibe vier solcher Päckchen auf ein Blockblatt. Ein anderes Kind löst.

› zu Schulbuch-Seite 18

1 a) 4 · 17 =

4 · 10 =

4 · 7 =

b) 6 · 14 =

c) 5 · 18 =

2 a) 4 · 23 =

b) 7 · 36 =

c) 5 · 47 =

3 a) 5 · 17 =

b) 3 · 26 =

c) 5 · 27 =

4 a) 6 · 33 =

b) 7 · 45 =

c) 8 · 64 =

5 a) 4 · 73 =

b) 9 · 38 =

c) 6 · 67 =

6 4 · 19

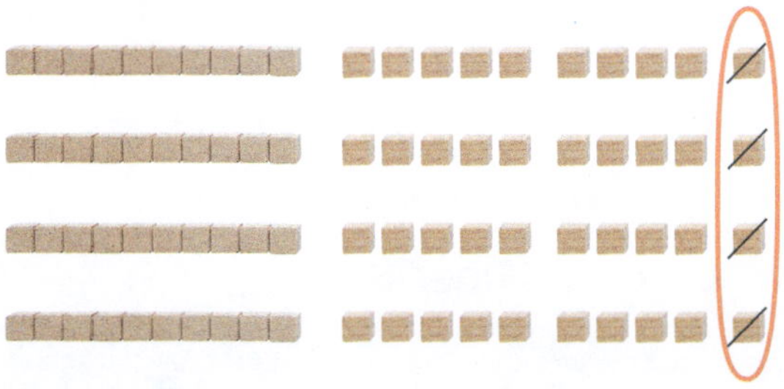

a) 4 · 19 = ______

7 · 19 = ______

b) 9 · 19 = ______

6 · 19 = ______

c) 5 · 29 = ______

4 · 29 = ______

d) 3 · 39 = ______

6 · 39 = ______

e) 5 · 49 = ______

7 · 49 = ______

f) 3 · 99 = ______

6 · 99 = ______

› Beim Aufrufen digitaler Inhalte sind die vereinbarten Regeln zur Nutzung des Internets einzuhalten.

› zu Schulbuch-Seite 19

1 a) Drei Ziffernkarten, sechs Malaufgaben. 4 6 7
Schreibe die Malaufgaben wie rechts gezeigt und rechne. □ · □□

b) Kreise die Aufgabe mit dem größten Ergebnis rot ein. Kreise die Aufgabe mit dem kleinsten Ergebnis grün ein. Was fällt dir bei der Reihenfolge der Ziffern in den beiden Aufgaben auf? Besprich dich dazu mit einem anderen Kind.

2 a) Rechne nur die Malaufgabe mit dem kleinsten Ergebnis.

5 4 7

b) Regel: Die größte Ziffer liegt ____________________.

3 a) Rechne nur die Malaufgabe mit dem größten Ergebnis.

2 9 3

b) Regel: Die größte Ziffer liegt ____________________.

4 Rechne nur die Malaufgaben mit einem Ergebnis unter 200. 5 8 2

5 Rechne nur die Malaufgaben mit einem Ergebnis über 300. 3 7 9

› **1–4** Buchbeilage *Ziffernkarten 0 bis 9* verwenden.
› **1** Die Erkenntnisse mit denen eines anderen Kindes vergleichen.

› **zu Schulbuch-Seite 19**

1 Ein Sportverein bietet Sportkurse für Kinder und Jugendliche an.
Berechne den Preis für eine Stunde.

a) 10 Tennisstunden: 210 €

b) 10 Schwimmstunden: 160 €

c) 10 Stunden Klettern: 80 €

210 € : 10 = ____ ____ ____

2 a) 440 : 10 = ____ 680 : 10 = ____
b) 390 : 10 = ____ 830 : 10 = ____
c) ____ : 10 = 13 ____ : 10 = 49
d) ____ : 10 = 9 ____ : 10 = 19

3 a) 360 : 9 = ____ 360 : 6 = ____
b) 180 : 3 = ____ 180 : 9 = ____
c) 240 : 8 = ____ 240 : 4 = ____
d) 200 : 4 = ____ 200 : 5 = ____

4 a) 420 : 6 = ____ 320 : 8 = ____ 270 : 9 = ____
b) 160 : 2 = ____ 350 : 7 = ____ 250 : 5 = ____
c) 450 : 9 = ____ 300 : 5 = ____ 360 : 4 = ____
d) 270 : 3 = ____ 630 : 7 = ____ 450 : 5 = ____

5 a) 210 : 70 = ____ 560 : 70 = ____
b) 450 : 50 = ____ 350 : 50 = ____
c) 200 : 40 = ____ 280 : 40 = ____
d) 720 : 90 = ____ 270 : 90 = ____

6 a) 490 : 70 = ____ 160 : 40 = ____
b) 120 : 60 = ____ 180 : 30 = ____
c) 140 : 20 = ____ 640 : 80 = ____
d) 630 : 90 = ____ 400 : 50 = ____

7 a) 21 : 3 = ____ 210 : 30 = ____ 210 : 3 = ____
b) 24 : 6 = ____ 240 : 60 = ____ 240 : 6 = ____
c) 32 : 4 = ____ 320 : 40 = ____ 320 : 4 = ____
d) 42 : 7 = ____ 420 : 70 = ____ 420 : 7 = ____

8 a)

:	40	4
120		
240		

b)

:	70	7
280		
420		

c)

:	60	6
180		
360		

d)

:	80	8
240		
400		

› zu Schulbuch-Seite 20

1 a) 75 : 5 = b) 84 : 6 = c) 96 : 8 =

2 Fülle die Tabelle aus. Wie oft passt die 6 in die 60, 120, 180, 240, ...? Wähle und rechne.

60	120	180	240						
10	20	30							

a) 324 : 6 = b) 276 : 6 = c) 648 : 6 =

d) 192 : 6 = e) 510 : 6 = f) 462 : 6 =

3 a) 291 : 3 = b) 332 : 4 = c) 325 : 5 =

4 a) 738 : 9 = b) 378 : 7 = c) 252 : 6 =

5 a) 256 : 8 = b) 434 : 7 = c) 265 : 5 =

6 a) 205 : 5 = ____ b) 324 : 4 = ____ c) 568 : 8 = ____

195 : 5 = ____ 316 : 4 = ____ 552 : 8 = ____

215 : 5 = ____ 304 : 4 = ____ 592 : 8 = ____

› zu Schulbuch-Seite 21

1 a) 21 : 5 = ___ R ___

___ · 5 + ___ = 21

b) 18 : 5 = ___ R ___

___ · 5 + ___ = 18

c) 27 : 5 = ___ R ___

___ · 5 + ___ = 27

2 a) 30 : 4 = ______

38 : 4 = ______

b) 34 : 8 = ______

50 : 8 = ______

c) 40 : 6 = ______

62 : 6 = ______

d) 54 : 7 = ______

40 : 7 = ______

3 a) 3 1 5 : 6 =

b) 4 9 5 : 6 =

c) 2 7 6 : 5 =

d) 4 2 4 : 5 =

e) 5 6 4 : 7 =

f) 1 1 1 : 7 =

4 Frau Schneider hat 200 Sammelbilder gekauft. Sie möchte die Sammelbilder gerecht an Ella, Kai und Matteo verteilen.
Wie viele Sammelbilder bekommt jedes Kind?

A: ______________________________

____

5 Kreise die Zahlen ein, bei denen beim Dividieren kein Rest bleibt.

a)

b)

c)

1 Schreibe die Teiler auf ...

a) ... von 8: ______________________ b) ... von 7: ______________

c) ... von 36: ______________________ d) ... von 25: ______________

e) ... von 40: ______________________ f) ... von 46: ______________

2 Richtig (r) oder falsch (f)?

a) 3 ist ein Teiler von 33 und 29: ___ b) 5 ist ein Teiler von 55 und 65: ___

c) 9 ist ein Teiler von 81 und 118: ___ d) 3 ist ein Teiler von 111 und 303: ___

e) 7 ist ein Teiler von 77 und 35: ___ f) 2 ist ein Teiler von 124 und 776: ___

g) 8 ist ein Teiler von 72 und 90: ___ h) 60 ist ein Teiler von 120 und 240: ___

i) 40 ist ein Teiler von 80 und 440: ___ j) 50 ist ein Teiler von 250 und 375: ___

3 a) Die Zahl liegt zwischen 80 und 100. Sie ist ein Vielfaches von 6 und hat den Teiler 9.
Es ist die Zahl _____.

b) Die Zahl liegt zwischen 100 und 120. Sie ist ein Vielfaches von 4 und hat den Teiler 6.
Es ist die Zahl _____.

4 Färbe. Eine Zahl bleibt übrig.
a) blau: Zahlen mit genau zwei Teilern
b) rot: Zahlen mit genau vier Teilern

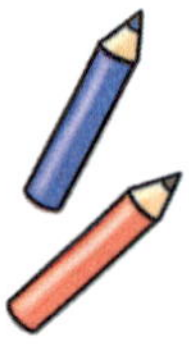

11 20 33 3

27 17 21

5 Kreise alle Zahlen ein, die nur zwei Teiler haben.

21	22	23	24	25	26	27	28	29	30
31	32	33	34	35	36	37	38	39	40
41	42	43	44	45	46	47	48	49	50
51	52	53	54	55	56	57	58	59	60

6 Bei welchen Zahlen gibt es diese Teiler? Kreuze an.

a)

Teiler / Zahl	3	6	5
102			
105			
108			

b)

Teiler / Zahl	3	6	5
125			
183			
162			

› zu Schulbuch-Seite 24

1 Berechne die leeren Zacken in den Einmaleins-Sternen.

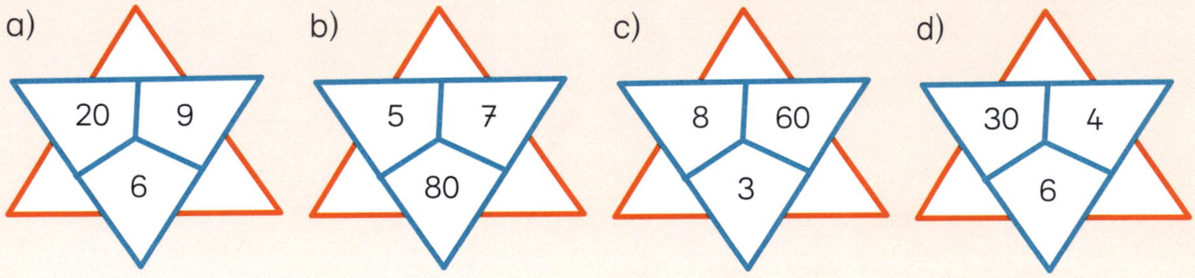

2

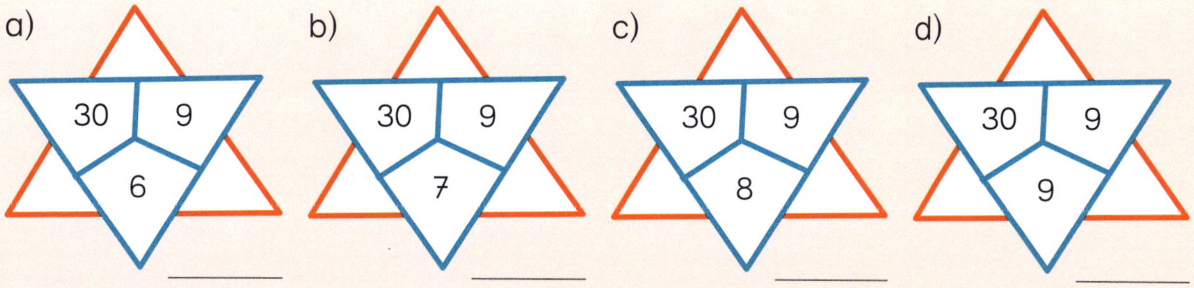

3 Addiere die Zahlen in den roten Zacken der Sterne in Aufgabe 2.
Was fällt dir bei den Summen auf?

Die Summen werden immer um ______________________________.

4

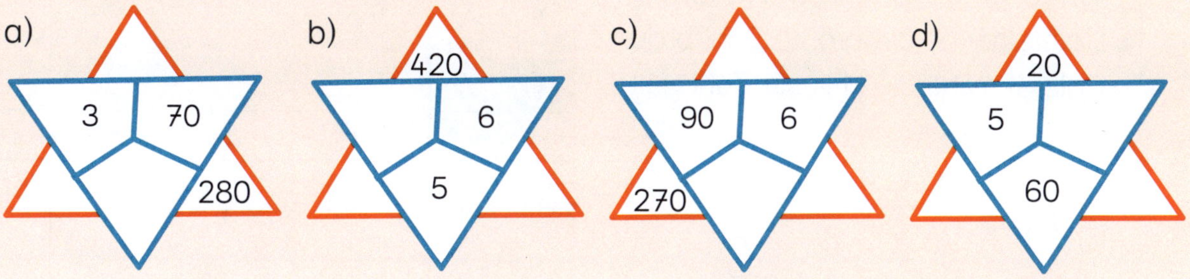

5

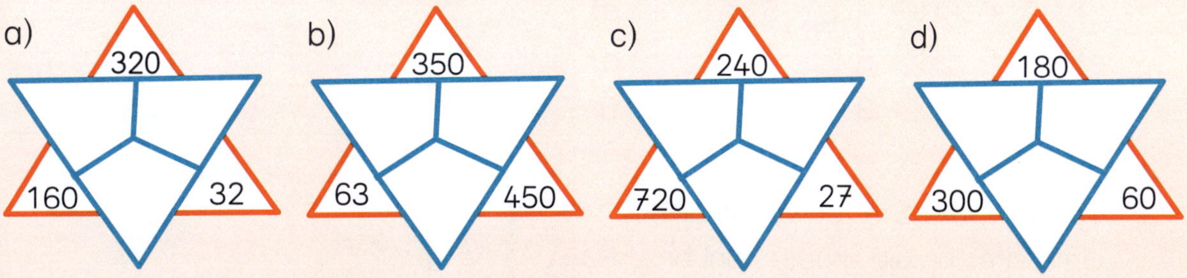

6 Baue eigene Einmaleins-Sterne. Drei Zahlen sind vorgegeben.

a) 3, 40, 360 b) 8, 40, 240 c) 5, 10, 30 d) 6, 80, 240

› **6** Es sind verschiedene Lösungen möglich.

› zu Schulbuch-Seite 26

1 Wie heißt die Zahl?

a) 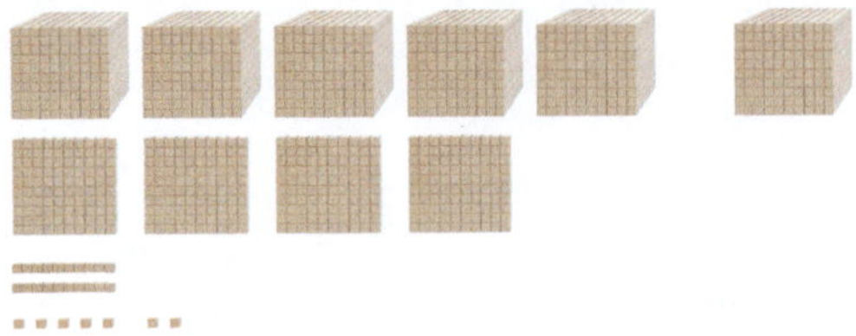

6 T + ___ H + ___ Z + ___ E = ___

6 000 + ___ + ___ + ___ = ___

b) 

___ T + ___ H + ___ Z + ___ E = ___

___ + ___ + ___ + ___ = ___

c) 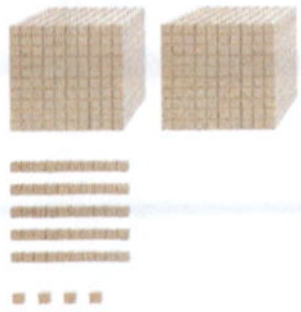

___ T + ___ H + ___ Z + ___ E = ___

___ + ___ + ___ + ___ = ___

d) 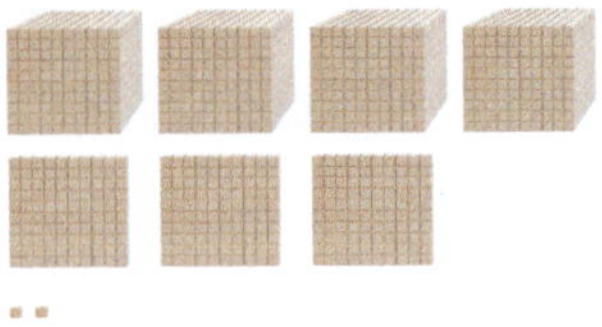

___ T + ___ H + ___ Z + ___ E = ___

___ + ___ + ___ + ___ = ___

2 Trage in die Stellenwerttafel ein.
Unterstreiche die größte Zahl braun.
Unterstreiche die kleinste Zahl gelb.

a) 9 T + 6 H + 3 Z
b) 7 T + 5 H + 3 Z + 1 E
c) 9 T + 7 H + 5 Z + 3 E
d) 1 T + 9 H + 7 Z + 5 E
e) 3 T + 1 H + 9 E
f) 7 T + 5 Z + 3 E

	T	H	Z	E	Zahl
a)	9	6	3	0	9630
b)					
c)					
d)					
e)					
f)					

3 Trage in die Stellenwerttafel ein.
Unterstreiche die größte Zahl braun.
Unterstreiche die kleinste Zahl gelb.

a) 6 000 + 300 + 60 + 5
b) 5 000 + 400 + 30 + 2
c) 6 000 + 700 + 40 + 9
d) 4 000 + 90 + 7
e) 3 000 + 500 + 40
f) 4 000 + 200 + 6

	T	H	Z	E	Zahl
a)	6	3	6	5	
b)					
c)					
d)					
e)					
f)					

› zu Schulbuch-Seite 29

1 Bündle. Wie heißt die Zahl?

a)

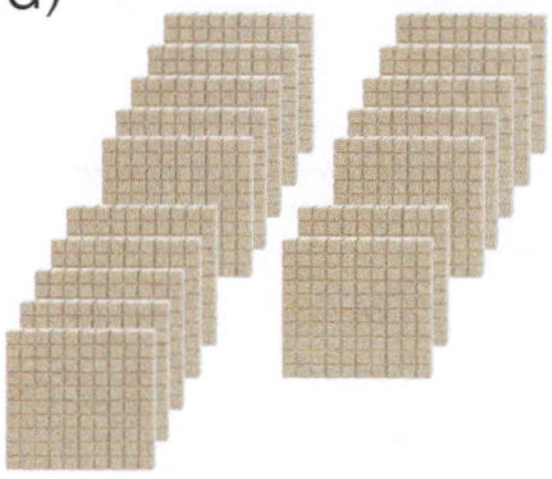

17 H = 1 T + ___ H = ______

b)

___ H = ___ T + ___ H = ______

c)

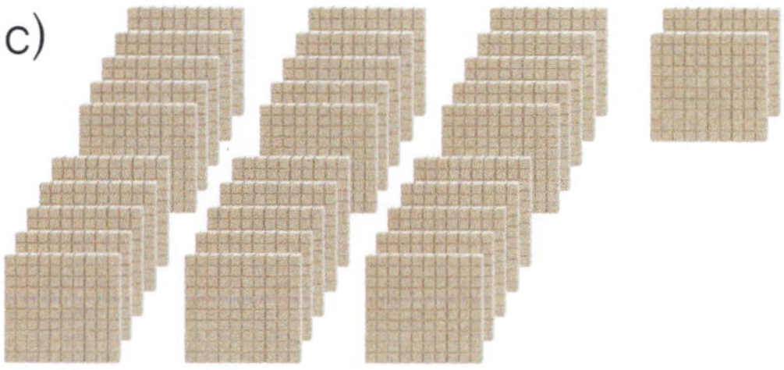

___ H = ___ T + ___ H = ______

d)

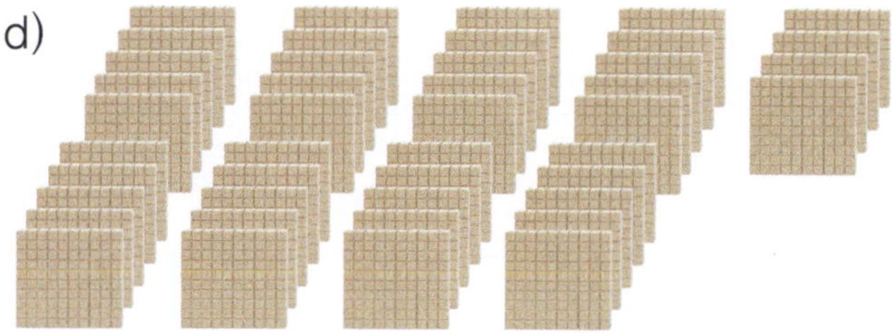

___ H = ___ T + ___ H = ______

2 Wie heißen die Zahlen?

a) 21 H = ___ T + ___ H = ______

18 H = ___ T + ___ H = ______

b) 55 H = ___ T + ___ H = ______

36 H = ___ T + ___ H = ______

3 Wie heißen die Zahlen?

a) 37 H = 3 T + ___ = ______

37 Z = ___ + ___ = ______

37 E = ___ + ___ = ______

b) 82 H = ___ + ___ = ______

82 Z = ___ + ___ = ______

82 E = ___ + ___ = ______

4 a) 2 H + 12 Z = ______________

4 H + 17 Z = ______________

2 H + 35 Z = ______________

b) 3 T + 11 H = ______________

4 T + 24 H = ______________

8 T + 19 H = ______________

5 Zahlenrätsel. Wie heißt die Zahl?

a) Meine Zahl hat 5 Hunderter, 2 Einer, 6 Zehner und 4 Tausender.

______

b) Meine Zahl hat 4 Zehner und halb so viele Hunderter. Sie hat keine Einer und doppelt so viele Tausender wie Zehner.

______

1 Bei welchen Zahlen stehen die Ballons? Wie heißen die Nachbartausender?

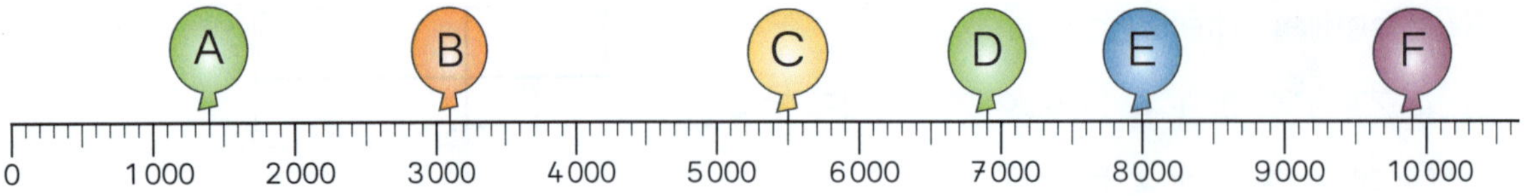

	Nachbartausender	Zahl	Nachbartausender
A			
B			
C			
D			
E			
F			

2 Bei welchen Zahlen stehen die Ballons?
Wie heißen die Nachbarzehner (NZ) und die Nachbarhunderter (NH)?

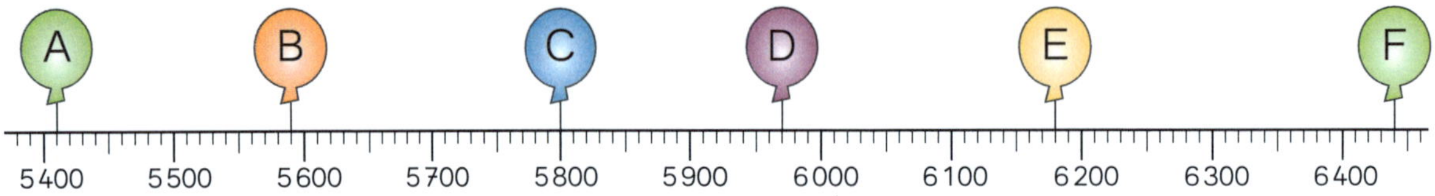

	NH	NZ	Zahl	NZ	NH
A					
B					
C					
D					
E					
F					

3

NZ	V	Zahl	N	NZ
		6 039		
	3 879			
			10 000	
	1 099			

4 Setze die Zahlenfolgen fort. Wie heißt die Regel?

a) 1 000, 1 200, 1 400, ______, ______, ______, ______ immer + ______

b) 4 550, 4 500, 4 450, ______, ______, ______, ______ immer ______

5 Beginne eine eigene Zahlenfolge. Ein anderes Kind setzt sie fort.

______, ______, ______, ______________________ immer ______

› zu Schulbuch-Seite 31

1 Trage in die Stellenwerttafel ein.
Wie heißen die Zahlen?

a) 4 ZT + 3 T + 4 H + 9 Z + 7 E
b) 8 ZT + 4 T + 2 H + 2 E
c) 2 T + 4 Z + 1 E
d) 4 ZT + 3 Z + 7 E

ZT	T	H	Z	E

2 Trage in die Stellenwerttafel ein und zerlege.

a) 73 060
b) 40 806
c) 7 108
d) 80 057

ZT	T	H	Z	E

7 ZT +

3 Trage in die Stellenwerttafel ein und schreibe die Zahl.

a) zweiundsiebzigtausenddreihundertacht
b) dreiunddreißigtausenddreizehn
c) neunundneunzigtausendeinhundertneunzig
d) vierzehntausendachthundertvierundzwanzig

ZT	T	H	Z	E

4 Bei welchen Zahlen stehen die Ballons? Achtung! Fünf Zahlen sind falsch. Finde sie, streiche sie durch und schreibe sie richtig auf.

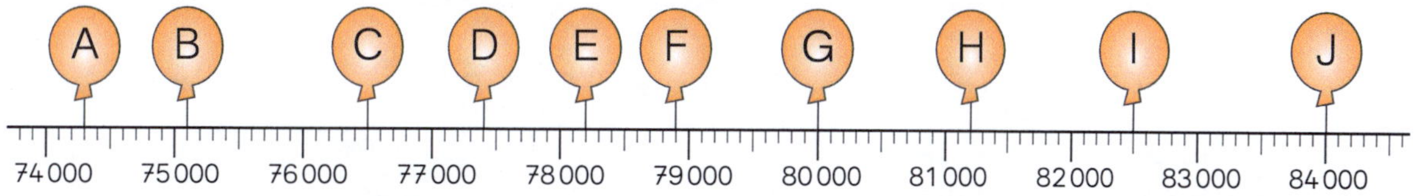

A = 74 300 ~~B = 75 600~~ C = 76 500 D = 77 900 E = 78 200
F = 78 900 G = 80 300 H = 81 700 I = 82 500 J = 83 900

B = 75 100,

5 Bilde mit allen Ziffern die kleinste und die größte Zahl.

a) 3 2 6 4 9

ZT	T	H	Z	E

b) 1 7 8 2 5

ZT	T	H	Z	E

c) 5 2 6 4 6

ZT	T	H	Z	E

› 5 Bei Bedarf die Buchbeilage *Ziffernkarten 0 bis 9* verwenden.

› zu Schulbuch-Seite 32

(A) Millionenwürfel
1 M = 1 000 000

(B) Hunderttausenderplatte
1 HT = 100 000

(C) Zehntausenderstange
1 ZT = 10 000

1 Wie viele brauchst du jeweils?

a) 1 Million:
____ Hunderttausender
______ Zehntausender
_________ Tausender

b) 1 Hunderttausender:
____ Zehntausender
_______ Tausender

c) 1 Zehntausender:
____ Tausender

2 Passt die Aufgabe zu Bild (A), (B) oder (C)?

a) $1\,000 \cdot 1\,000$ ◯ b) $10 \cdot 10\,000$ ◯ c) $10 \cdot 100\,000$ ◯ d) $10 \cdot 1\,000$ ◯

3 a) Immer zwei Kärtchen gehören zusammen. Male sie in derselben Farbe an.

10 Hunderterplatten	10 · 1 000	100 Zehntausenderstangen
1 Tausenderwürfel	1 Hunderttausenderplatte	1 Zehntausenderstange
10 ZT	1 Millionenwürfel	

b) Finde zu jedem Kärtchenpaar ein weiteres Kärtchen. Male es passend an.

4 Richtig (r) oder falsch (f)? Kreuze an.

a) 10 Hunderttausender sind eine Million. (r) (f)

b) 100 Tausender sind eine Million. (r) (f)

c) 100 Zehntausender sind eine Million. (r) (f)

› zu Schulbuch-Seite 33

M	HT	ZT	T	H	Z	E
	5	6	3	5	6	3
Millionen-stelle	Hundert-tausender-stelle	Zehn-tausender-stelle	Tausender-stelle	Hunderter-stelle	Zehner-stelle	Einer-stelle

1 Trage die Zahlen in die Stellenwerttafel ein. Unterstreiche die größte Zahl rot, die kleinste Zahl blau.

a) 5 HT + 6 ZT + 3 T + 5 H + 6 Z + 3 E
b) 4 HT + 3 ZT + 5 T + 2 H + 3 E
c) 9 HT + 4 ZT + 2 H + 4 Z + 8 E
d) 1 M + 3 T + 7 H

e) 900 000 + 40 000 + 300 + 20 + 7
f) 1 000 000 + 300 000 + 7 000 + 30 + 2
g) 400 000 + 6 000 + 500 + 40 + 5
h) 80 000 + 5 000 + 80 + 5

i) fünfunddreißigtausendsechshundertachtzehn
j) neunhundertzweiundachtzigtausendzwölf
k) zweihundertvierzigtausenddreihundertelf

	M	HT	ZT	T	H	Z	E
a)		5	6	3	5	6	3
b)							
c)							
d)							
e)							
f)							
g)							
h)							
i)							
j)							
k)							

2 Trage die Zahlen in die Stellenwerttafel ein. Unterstreiche fünfstellige Zahlen braun, sechsstellige Zahlen gelb.

a) 74 318　b) 52 963
c) 805 300　d) 500 005
e) 81 000　f) 957 020

	M	HT	ZT	T	H	Z	E
a)							
b)							
c)							
d)							
e)							
f)							

3 Welche Zahlen sind es?

a) 81 ZT = 810 000
29 ZT = ______

b) 30 T = ______
30 ZT = ______

c) 50 T = ______
50 Z = ______

d) 75 H = ______
29 H = ______

e) 63 Z = ______
7 Z = ______

f) 41 E = ______
14 T = ______

g) 8 HT = ______
8 H = ______

h) 92 T = ______
29 ZT = ______

i) 50 ZT = ______
50 E = ______

› zu Schulbuch-Seite 34

1 Wie heißt jeweils die Zahl?

a)

HT	ZT	T	H	Z	E
●	●●●	●		●	●●●●

____

b)

HT	ZT	T	H	Z	E
●●●●		●	●●	●●●	●

____

2 Male die kleinste und die größte Zahl mit jeweils zwei Plättchen.
Schreibe sie dann auf.

a) kleinste Zahl: _______________

HT	ZT	T	H	Z	E

b) größte Zahl: _______________

HT	ZT	T	H	Z	E

3

HT	ZT	T	H	Z	E
●●	●●●●●	●	●●●●	●●●	●

Startzahl: _______________

Quersumme: ______

Wie heißt die Zahl und welche Quersumme (QS) hat sie, wenn du ein Plättchen ...

a) ... bei den Hunderttausendern (HT) wegnimmst? Zahl: _______________ QS: ______

b) ... bei den Zehntausendern (ZT) wegnimmst? Zahl: _______________ QS: ______

c) ... bei den Tausendern (T) wegnimmst? Zahl: _______________ QS: ______

4

HT	ZT	T	H	Z	E
●●	●		●	●	●●●●●

Wie heißen die Zahlen, wenn du zwei Plättchen dazulegst?
Schreibe sechs mögliche Zahlen auf.

____

5 Bilde mit den Ziffernkarten jeweils die kleinste und die größte sechsstellige Zahl.
Trage sie in die Stellenwerttafel ein. Die Ziffer 0 darf nicht vorne stehen.

a) 3 2 6 4 9 1

HT	ZT	T	H	Z	E

b) 1 7 8 2 0 6

HT	ZT	T	H	Z	E

c) 0 2 6 4 0 5

HT	ZT	T	H	Z	E

› 3 Hinweis: Der Begriff „Quersumme" ist **kein verbindlicher Inhalt des LehrplanPLUS**.
› 4 Es sind verschiedene Lösungen möglich. Diese mit denen eines anderes Kindes vergleichen.
› 5 Bei Bedarf die Buchbeilage *Ziffernkarten 0 bis 9* verwenden.

› zu Schulbuch-Seite 35

1

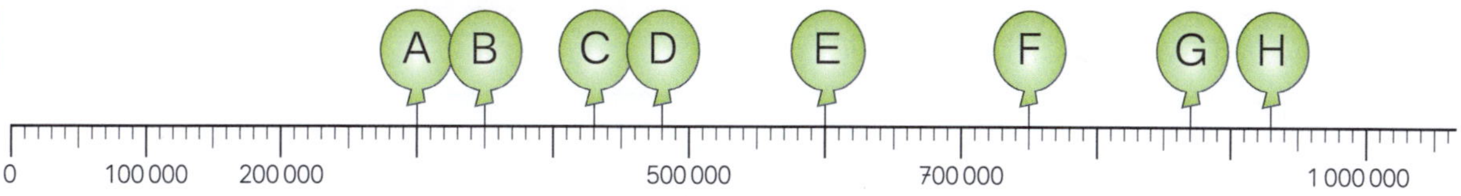

Bei welchen Zahlen stehen die Ballons?

A: ________ B: ________ C: ________ D: ________

E: ________ F: ________ G: ________ H: ________

2 Finde die passenden Ballons. Trage die Buchstaben in die Ballons ein.

A: 370 000 B: 580 000 C: 120 000 D: 990 000 E: 260 000 F: 410 000 G: 830 000

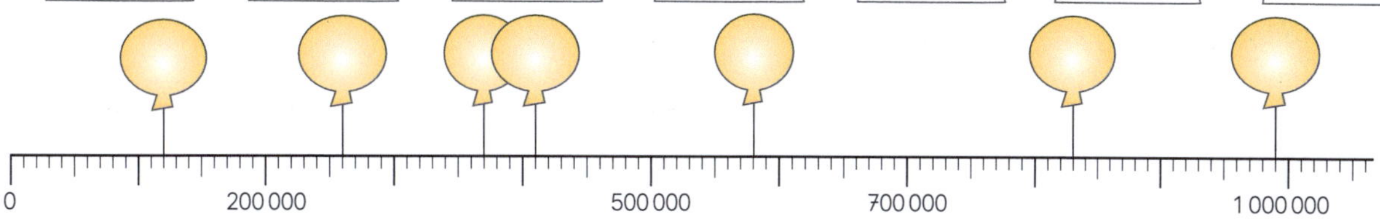

3 Welche Zahlen sind es? Rechne vor und zurück zu den Nachbarzehntausendern.

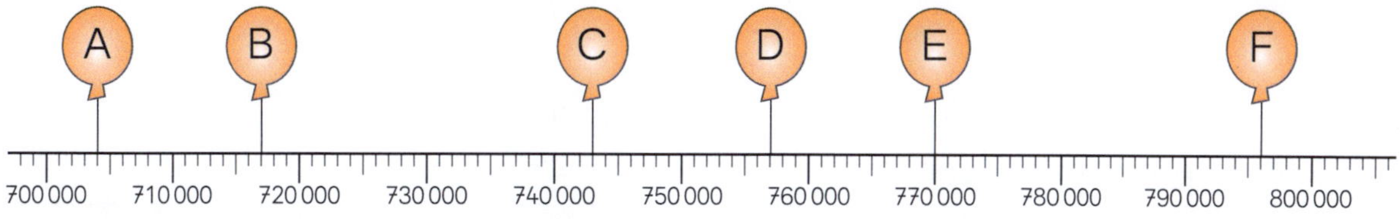

A: 704 000 + ________ = 710 000
704 000 − ________ = ________

B: ________ + ________ = ________
________ − ________ = ________

C: ________ + ________ = ________
________ − ________ = ________

D: ________ + ________ = ________
________ − ________ = ________

E: ________ + ________ = ________
________ − ________ = ________

F: ________ + ________ = ________
________ − ________ = ________

4 Trage die Nachbarzahlen ein.

Nachbar-ZT	Nachbar-T	Nachbar-H	Zahl	Nachbar-H	Nachbar-T	Nachbar-ZT
			289 742			
			621 366			
			747 211			
			863 999			
			800 000			
			400 001			

1 Ein Männchen steht für 50 000 Einwohner. Schreibe die Einwohnerzahlen auf.

Regensburg		
Passau		
Nürnberg		
Würzburg		
Augsburg		
Stuttgart		

2 Wie viele Einwohner haben diese bayerischen Städte? Runde auf Hunderttausender.

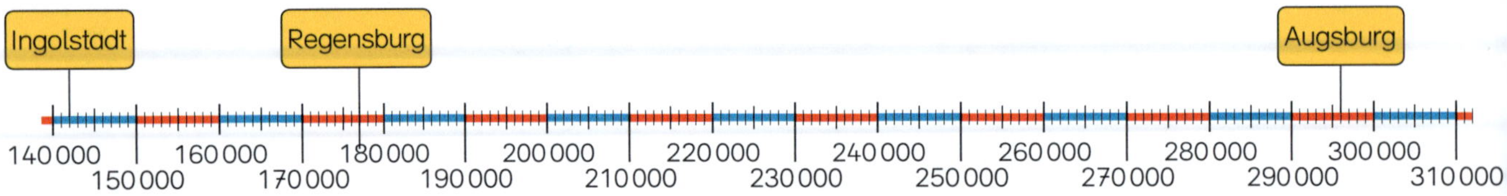

Ingolstadt ______________________, gerundet ______________________

Regensburg ______________________, gerundet ______________________

Augsburg ______________________, gerundet ______________________

3 Hier sind die Zuschauerzahlen der Achtelfinal-Spiele im DFB-Pokal.
Runde auf Zehntausender.

Spiel	genaue Zuschauerzahl	gerundete Zuschauerzahl
SpVgg Unterhaching : Borussia M'gladbach	15 053	
1. FC Köln : Hannover 96	48 115	
Schalke 04 : 1. FC Nürnberg	61 673	
FC Bayern München : Hamburger SV	69 000	

Spiel	genaue Zuschauerzahl	gerundete Zuschauerzahl
Eintracht Frankfurt : TSG Hoffenheim	45 055	
Werder Bremen : FC Augsburg	36 300	
VfB Stuttgart : SpVgg Greuther Fürth	33 262	
Borussia Dortmund : FSV Mainz 05	84 082	

4 Runde auf Zehntausender.

a) 38 405 ≈ __________
74 990 ≈ __________
63 858 ≈ __________
40 924 ≈ __________

b) 85 609 __________
44 290 __________
57 488 __________
33 499 __________

c) 96 000 __________
34 090 __________
93 980 __________
27 644 __________

5 Runde auf Hunderttausender.

a) 112 338 __________
135 714 __________
188 019 __________
639 183 __________

b) 240 799 __________
349 718 __________
550 000 __________
379 008 __________

c) 459 001 __________
442 542 __________
961 545 __________
549 379 __________

› zu den Schulbuch-Seiten 40 u. 41

Welche Startzahlen kommen über die Hürden?
Welche Zahl schafft es über alle drei Hürden und erreicht das Ziel?

1

Startzahlen
521 278
65 200
12 021
999 999
98 201
62 870

A: Zahlen kleiner als 100 000
B: Zahlen mit zwei Hundertern
C: Zahl mit ungeradem Zehntausender

A B C

A
6 5 2 0 0

B

C

2

Startzahlen
427 135
581 014
520 747
551 392
530 691
462 707

A: gerundet 500 000
B: Zahlen mit zwei gleichen Ziffern
C: Zahl mit Quersumme 25

A B C

A

B

C

3

Startzahlen
213 867
74 482
13 760
188 785
242 748
172 741

A: gerade Zahlen
B: Zahlen mit doppelt so vielen Zehnern wie Tausendern
C: sechsstellige Zahl

A B C

A

B

C

› 2 Hinweis: Der Begriff „Quersumme“ ist **kein verbindlicher Inhalt des LehrplanPLUS**.

› zu Schulbuch-Seite 42

1 Welches Würfelgebäude passt zu welchem Bauplan? Verbinde.
Zwei Baupläne bleiben übrig.

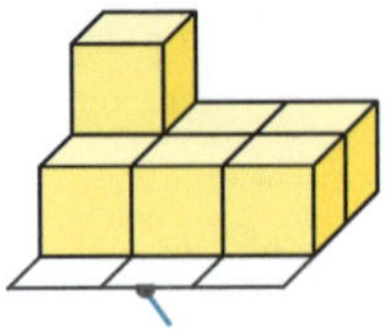 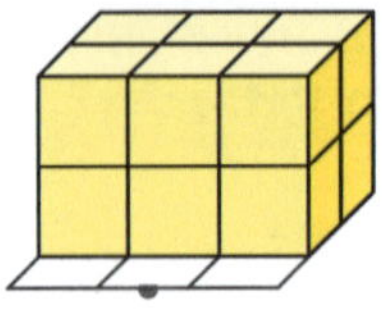 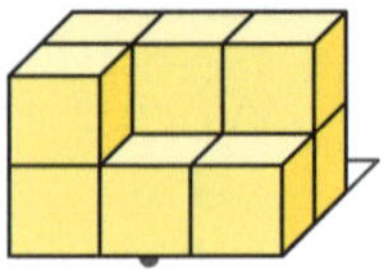 

2	2	1
2	1	1
1	1	1

2	1	1
1	1	1

3	2	2
2	2	2
2	2	2

2	2	2
2	2	2

3	3	3
3	3	3
3	3	3

2	2	2
2	1	1

2 Schreibe zu jedem Würfelgebäude den passenden Bauplan.
Wie viele Würfel brauchst du zum Nachbauen?

A

_____ Würfel

B

_____ Würfel

C

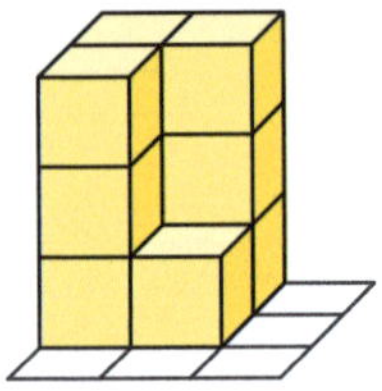

_____ Würfel

D

_____ Würfel

3 Wer hat welchen Bauplan erstellt?
Welche Baupläne fehlen? Erstelle sie.

2	2	3	1
2	1	2	1

____

1	1
3	2
2	1
2	2

____

____

____

› 1–3 Ergebnisse mit denen eines anderen Kindes vergleichen.

› zu den Schulbuch-Seiten 46 u. 47

1 a) Bestimme den Rauminhalt der Kiste.
Wie viele Würfel passen hinein?

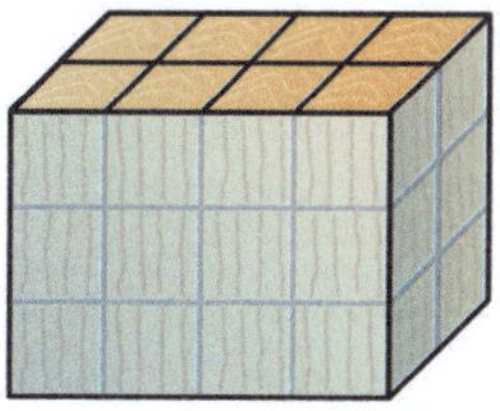

Es passen ______ Würfel hinein.

Rauminhalt: ______ Würfel

b) Beschreibe, wie du gerechnet hast. Diese Wörter können dir helfen.

Türme | Reihen | Schicht | nebeneinander | hintereinander

____

____

____

____

2 Bestimme den Rauminhalt der Kisten. Wie viele Würfel passen in jede Kiste?

a)

Rauminhalt:
______ Würfel

b)

Rauminhalt:
______ Würfel

c)

Rauminhalt:
______ Würfel

3 a)

Rauminhalt:
______ Würfel

b)

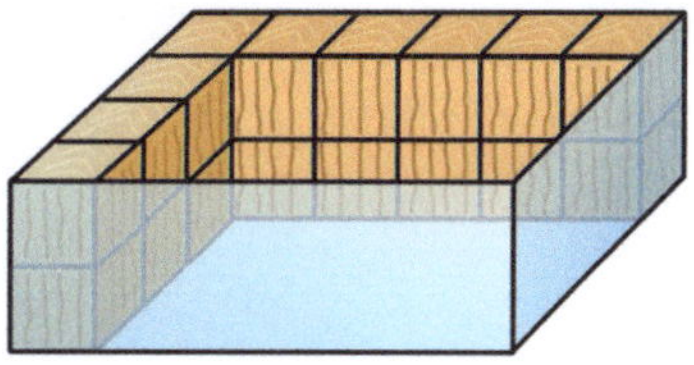

Rauminhalt:
______ Würfel

c)

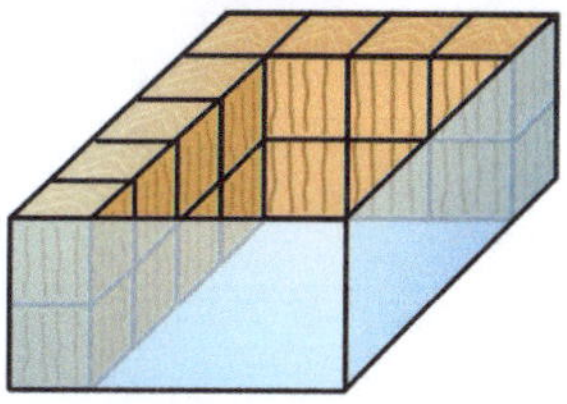

Rauminhalt:
______ Würfel

4 a)

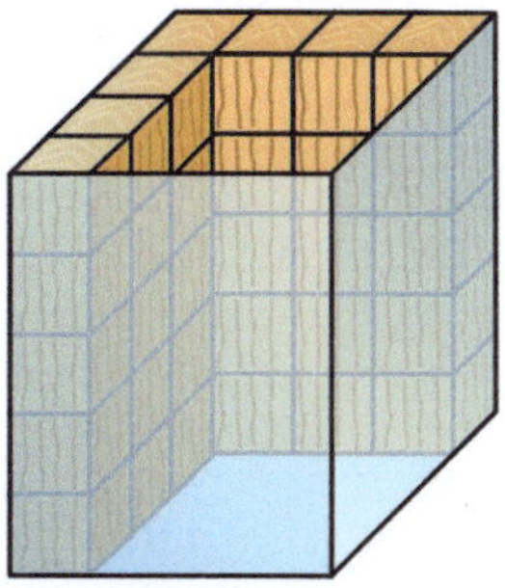

Rauminhalt:
______ Würfel

b)

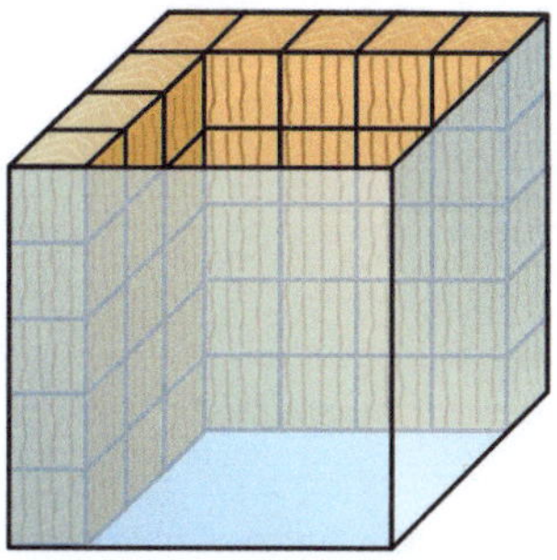

Rauminhalt:
______ Würfel

c)

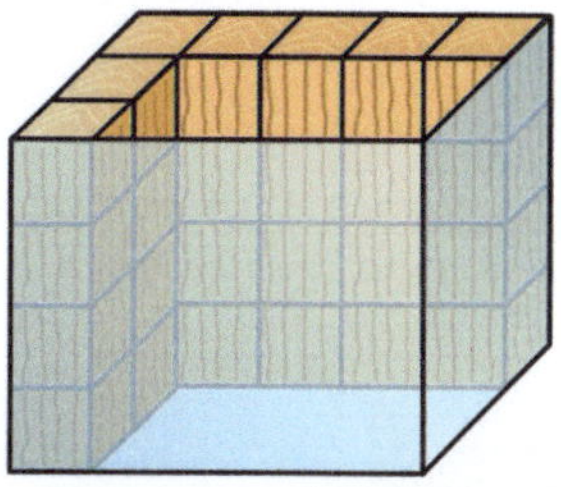

Rauminhalt:
______ Würfel

› **1–4** Ergebnisse mit denen eines anderen Kindes vergleichen.

› zu Schulbuch-Seite 48

1 Wie rechnest du? Überlege bei jeder Aufgabe neu.

a) 72 049 + 30 = ______
b) 19 030 + 99 = ______
c) 58 023 + 207 = ______
d) 76 841 + 582 = ______
e) 47 034 + 399 = ______
f) 61 387 + 4 200 = ______
g) 52 600 + 7 400 = ______
h) 30 400 + 12 600 = ______
i) 41 878 + 35 047 = ______
j) 34 020 + 26 680 = ______

2 Wie rechnest du? Überlege bei jeder Aufgabe neu.

a) 30 090 − 25 = ______
b) 63 200 − 99 = ______
c) 48 400 − 560 = ______
d) 51 950 − 399 = ______
e) 81 060 − 500 = ______
f) 42 500 − 41 350 = ______
g) 44 720 − 5 010 = ______
h) 86 300 − 21 050 = ______
i) 93 000 − 79 999 = ______
j) 100 000 − 75 500 = ______

› **1** u. **2** Rechenwege mit denen eines anderen Kindes vergleichen.

› zu Schulbuch-Seite 50

1 Addiere. Alle Ergebnisse haben die Quersumme 20.

a) + 8

3837	
7914	
20838	
44247	

b) + 40

11833	
19150	
55015	
99061	

c) + 500

20346	
82320	
52215	
77505	

2 Rechne auf deinem Weg.

a) 55830 + 5300 = ____________ b) 42000 + 8030 = ____________

c) 750000 + 24000 = ____________ d) 246000 + 56090 = ____________

3 Immer zwei Zahlen addiert ergeben eine Million. Male passend an.

750000 | 120000 | 500001 | 250000 | 409000

591000 | 390000 | 880000 | 610000 | 499999

4 Addiere. Alle Ergebnisse haben die Quersumme 18.

a) 83000 + 5200 = ________ b) 74000 + 25000 = ________

47200 + 2300 = ________ 36500 + 40000 = ________

50800 + 4100 = ________ 60500 + 30400 = ________

5 Lilli behauptet: „Die Summe der Zahlen 27800 und 72800 ist größer als 100000." Stimmt das? Rechne nach und kreuze dann richtig an.

☐ Es stimmt.

☐ Es stimmt nicht.

› **1** u. **4** Selbstkontrolle mit Hilfe der Quersumme.
Hinweis: Der Begriff „Quersumme" ist **kein verbindlicher Inhalt des LehrplanPLUS**.

› zu Schulbuch-Seite 51

1 Im Kopf oder schriftlich? Wie geht es schneller? Entscheide bei jeder Aufgabe neu. Mit dem Zahlenblick sind einige Aufgaben leicht.

a) 34 000 + 2 060 = ______ b) 59 999 + 677 = ______
c) 15 475 + 1 696 = ______ d) 51 000 + 1 850 = ______
e) 29 999 + 1 001 = ______ f) 58 000 + 42 000 = ______
g) 620 000 + 120 006 = ______ h) 555 892 + 382 720 = ______
i) 287 319 + 235 253 = ______ j) 283 605 + 497 019 = ______
k) 706 000 + 103 000 = ______ l) 380 004 + 200 500 = ______
m) 139 999 + 41 701 = ______ n) 723 100 + 160 200 = ______

2 Rechne nur die Aufgaben, deren Ergebnisse zwischen 80 000 und 85 000 liegen.

a) 69 575 + 19 999
b) 53 901 + 29 811
c) 29 999 + 63 255
d) 40 217 + 42 391
e) 38 456 + 40 187
f) 59 999 + 22 753

3
a) 9876 + 2345 = ______
b) 8765 + 3456 = ______
c) 7654 + 4567 = ______
d) Wie heißt die nächste Aufgabe? Rechne.

4 Welche Ziffern fehlen, damit die Rechnung stimmt?

a)

		3	4	5	
	5	1	1	5	2
+	7			4	3
1	4	6	6		6

b)

		2	9	4	4
	9	7			7
+	2		9	1	
1	8	2	8	7	6

c)

	6	2		2	7
	2		2		6
+	7	6	9	5	
1		0	1	3	6

d)

	5		2	8	4
	9	3	9		7
+		3		2	
1	6	2	7	5	7

› zu Schulbuch-Seite 52

1 a) 8000 − 100 = ______
8000 − 10 = ______
8000 − 1 = ______

b) 6000 − 500 = ______
6000 − 50 = ______
6000 − 5 = ______

c) 4000 − 900 = ______
4000 − 90 = ______
4000 − 9 = ______

2 a) 37000 − 2000 = ______
37000 − 200 = ______
37000 − 20 = ______
______

b) 59000 − 4000 = ______
59000 − 400 = ______
59000 − 40 = ______
______

3 Subtrahiere. Alle Ergebnisse haben die Quersumme 20.

a) − 6

44450	
19025	
17351	

b) − 30

73733	
60800	
91049	

c) − 400

78000	
51954	
67200	

4 Rechne auf deinem Weg.

a) 18000 − 6700 = ______
b) 41000 − 6010 = ______
c) 820000 − 10900 = ______
d) 246000 − 56090 = ______

5 Rechne nur die Aufgaben, deren Ergebnisse unter 30000 liegen.

a) 92800 − 51000
b) 67600 − 42000
c) 53100 − 20900
d) 75300 − 50400
e) 49200 − 17100

› 3 Selbstkontrolle mit Hilfe der Quersumme.
Hinweis: Der Begriff „Quersumme" ist **kein verbindlicher Inhalt des LehrplanPLUS**.

› zu Schulbuch-Seite 53

1 Im Kopf oder schriftlich? Wie geht es schneller?
Entscheide bei jeder Aufgabe neu.

a) 21307 – 999 = ______ b) 87317 – 549 = ______
c) 45823 – 6286 = ______ d) 56378 – 6378 = ______
e) 424817 – 147329 = ______ f) 713212 – 713210 = ______
g) 308000 – 200010 = ______ h) 613015 – 599999 = ______

2 Rechne nur die Aufgaben, deren Ergebnisse zwischen 40000 und 45000 liegen.

a) 91014 – 47191
b) 61933 – 19999
c) 88039 – 39898
d) 65985 – 27143
e) 68170 – 25999

3 Rechne nur die Aufgaben, deren Ergebnisse zwischen 35000 und 40000 liegen.

a) 61154 – 29891
b) 78502 – 39994
c) 59191 – 21979
d) 91041 – 48945
e) 85584 – 49097

4

a) 98765 − 76543 = ______
b) 87654 − 65432 = ______
c) 76543 − 54321 = ______
d) Wie heißt die nächste Aufgabe? Rechne.

e) Was stellst du fest? Warum ist das so?
Besprich dich dazu mit einem anderen Kind.

› zu Schulbuch-Seite 54

1 Bei ANNA-Zahlen stehen A und N jeweils für gleiche Ziffern.
Kreise alle ANNA-Zahlen blau ein.

2552 7878 5599 8220 3113 9009 9669 2587 7447

2 Das sind besondere Minusaufgaben. Rechne.

a)	b)	c)	d)
6446	2112	3223	8558
− 4664	− 1221	− 2332	− 5885

3 Bilde zu diesen Zahlen jeweils wie in Aufgabe 2 die zweite Zahl.
Bilde eine Minusaufgabe und rechne aus.

a) 6556 b) 8998 c) 5335 d) 5775

e) Schau dir die Ergebnisse der Aufgaben an. Was fällt dir auf? Vergleicht.

____

4 Rechne zuerst.
Finde jeweils eine weitere Aufgabe mit ANNA-Zahlen, die dasselbe Ergebnis hat.
Dann kreuze die richtigen Antworten an.

a)	5445	8778	
	− 4554	− 7887	−
b)	8668	3113	
	− 6886	− 1331	−
c)	4114	8558	
	− 1441	− 5885	−

- ☐ Das kleinste Ergebnis ist 891.
- ☐ Zu jedem Ergebnis gibt es mehrere Aufgaben.
- ☐ Die Ergebnisse sind wieder ANNA-Zahlen.
- ☐ Man findet weitere Aufgaben zu einer Ergebniszahl, wenn A und N bei der ANNA-Zahl den gleichen Unterschied haben.
- ☐ Die Quersumme jeder Ergebniszahl beträgt 20.
- ☐ Das zweitgrößte Ergebnis ist die Summe aus 891 und 891.

› 4 Hinweis: Der Begriff „Quersumme" ist **kein verbindlicher Inhalt des LehrplanPLUS**.

› zu Schulbuch-Seite 55

Multiplizieren mit 10, 100 und 1 000

1 a) 7 · 10 = ______
70 · 10 = ______
700 · 10 = ______

b) 9 · 10 = ______
90 · 10 = ______
900 · 10 = ______

c) 6 · 10 = ______
60 · 10 = ______
600 · 10 = ______

2 a) 50 · 10 = ______
500 · 10 = ______

b) 30 · 10 = ______
300 · 10 = ______

c) 80 · 10 = ______
800 · 10 = ______

3 Denke an die Stellenwerttafel:
Beim Multiplizieren mit 10 werden aus Einern Zehner, aus Zehnern werden Hunderter und aus Hundertern werden Tausender.

a) 460 · 10 = ______
287 · 10 = ______
113 · 10 = ______

b) 708 · 10 = ______
546 · 10 = ______
860 · 10 = ______

c) 3 120 · 10 = ______
7 543 · 10 = ______
9 038 · 10 = ______

4 Achte auf die Nullen.

a)

· 10	
257 →	2570
· 100	
257 →	
· 1000	
257 →	

b)

· 10	
709 →	
· 100	
709 →	
· 1000	
709 →	

5 Achte auf die Nullen.

a) 354 · 10 = __________
354 · 100 = __________
354 · 1 000 = __________

b) 830 · 10 = __________
8 041 · 100 = __________
911 · 1 000 = __________

6 Zahlenrätsel. Welche Zahl ist es jeweils?

a)

Meine Zahl ist ______.

b)

Meine Zahl ist ______.

c)

Meine Zahl ist ______.

7 Schreibe ein eigenes Zahlenrätsel auf ein Blockblatt. Ein anderes Kind löst es.

› zu Schulbuch-Seite 56

1 a)

7 —·3000→ ______

7 —·3→ ___ —·1000→ ______

b)

4 —·6000→ ______

4 —·6→ ___ —·1000→ ______

2 Die drei Ergebnisse in einem Päckchen ergeben zusammen immer 20 000.

a) 2 · 3000 = ______
2 · 5000 = ______
2 · 2000 = ______

b) 6 · 800 = ______
9 · 800 = ______
10 · 800 = ______

c) 6 · 2000 = ______
8 · 600 = ______
4 · 800 = ______

3 Nutze zum Lösen die Stellenwerttafeln.

a)

HT	ZT	T	H	Z	E
					4
				4	0
			4	0	0
		4	0	0	0
	4	0	0	0	0

·9 →

HT	ZT	T	H	Z	E
				3	6

b)

HT	ZT	T	H	Z	E
					8
				8	0
			8	0	0

·7 →

HT	ZT	T	H	Z	E

4 a)

30 —·600→ ______

30 —·6→ ______ —·100→ ______

30 —·100→ ______ —·6→ ______

b)

60 —·700→ ______

60 —·7→ ______ —·100→ ______

60 —·100→ ______ —·7→ ______

5 Die drei Ergebnisse in einem Päckchen ergeben zusammen immer 20 000.

a) 60 · 60 = ______
80 · 80 = ______
100 · 100 = ______

b) 70 · 200 = ______
60 · 70 = ______
3 · 600 = ______

c) 50 · 20 = ______
400 · 40 = ______
300 · 10 = ______

6 a) Multipliziere die Zahl 900 mit 900.
Multipliziere die Zahl 30 mit 3 000.
Addiere die beiden Ergebnisse.

b) Multipliziere die Zahl 800 mit 800.
Multipliziere die Zahl 6 000 mit 60.
Addiere die beiden Ergebnisse.

› zu Schulbuch-Seite 57

1

a) $6 \cdot 7030 =$

b) $4 \cdot 8009 =$

c) $30 \cdot 5040 =$

d) $60 \cdot 9200 =$

2

a) $5 \cdot 2999 =$ ______

$3 \cdot 4999 =$ ______

$4 \cdot 8999 =$ ______

$2 \cdot 6999 =$ ______

b) $4 \cdot 699 =$ ______

$5 \cdot 399 =$ ______

$8 \cdot 799 =$ ______

$6 \cdot 699 =$ ______

3 Mit Zahlenblick im Kopf oder halbschriftlich? Überlege bei jeder Aufgabe neu.

a) $300 \cdot 40 =$ ______

$300 \cdot 49 =$ ______

b) $6 \cdot 500 =$ ______

$6 \cdot 199 =$ ______

c) $40 \cdot 4007 =$ ______

$40 \cdot 1002 =$ ______

4

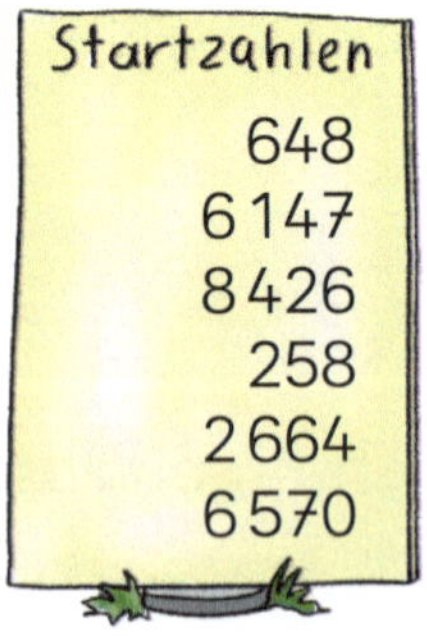

multipliziert mit 100 ergibt eine sechsstellige Zahl

Zahlen mit nur geraden Ziffern

Zahl mit Quersumme 18

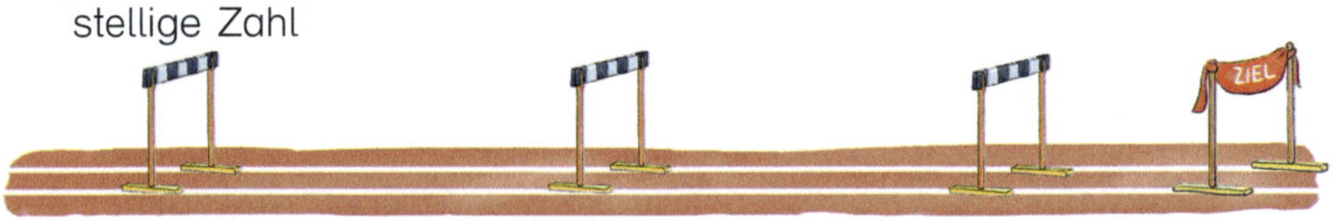

A B C

A

B

C

› 4 Hinweis: Der Begriff „Quersumme“ ist **kein verbindlicher Inhalt des LehrplanPLUS.**

› **zu Schulbuch-Seite 58**

1 Dividiere durch 10.

a)

HT	ZT	T	H	Z	E
			7	0	0
		7	0	0	0
	7	0	0	0	0
7	0	0	0	0	0

: 10 →

HT	ZT	T	H	Z	E
				7	0

b)

HT	ZT	T	H	Z	E
			8	0	0
		8	0	0	0
	8	0	0	0	0
8	0	0	0	0	0

: 10 →

HT	ZT	T	H	Z	E
				8	0

2

a)
90 : 10 = ______
900 : 10 = ______
9 000 : 10 = ______
90 000 : 10 = ______

b)
30 : 10 = ______
300 : 10 = ______
3 000 : 10 = ______
30 000 : 10 = ______

c)
20 : 10 = ______
200 : 10 = ______
2 000 : 10 = ______
20 000 : 10 = ______

3 Dividiere durch 100.

a)

HT	ZT	T	H	Z	E
			2	0	0
		2	0	0	0
	2	0	0	0	0
2	0	0	0	0	0

: 100 →

HT	ZT	T	H	Z	E
					2

b)

HT	ZT	T	H	Z	E
			8	0	0
		8	0	0	0
	8	0	0	0	0
8	0	0	0	0	0

: 100 →

HT	ZT	T	H	Z	E
					8

4

a)
500 : 100 = ______
5 000 : 100 = ______
50 000 : 100 = ______

b)
300 : 100 = ______
3 000 : 100 = ______
30 000 : 100 = ______

c)
700 : 100 = ______
7 000 : 100 = ______
70 000 : 100 = ______

5 Dividiere durch 1 000.

a)

HT	ZT	T	H	Z	E
		7	0	0	0
	7	0	0	0	0
7	0	0	0	0	0

: 1000 →

HT	ZT	T	H	Z	E
					7

b)

HT	ZT	T	H	Z	E
		8	0	0	0
	8	0	0	0	0
8	0	0	0	0	0

: 1000 →

HT	ZT	T	H	Z	E
					8

6

a)
2 000 : 1 000 = ______
20 000 : 1 000 = ______
200 000 : 1 000 = ______

b)
6 000 : 1 000 = ______
60 000 : 1 000 = ______
600 000 : 1 000 = ______

c)
4 000 : 1 000 = ______
40 000 : 1 000 = ______
400 000 : 1 000 = ______

7

a)
6 000 : 100 = ______
200 : 100 = ______
300 000 : 100 = ______
50 000 : 100 = ______

b)
6 000 : 10 = ______
200 : 10 = ______
50 000 : 10 = ______
300 000 : 10 = ______

c)
8 000 : 1 000 = ______
70 000 : 1 000 = ______
400 000 : 1 000 = ______
10 000 : 1 000 = ______

› zu Schulbuch-Seite 60

1

a)

HT	ZT	T	H	Z	E
				2	7
			2	7	0
		2	7	0	0
	2	7	0	0	0
2	7	0	0	0	0

:3 →

HT	ZT	T	H	Z	E
					9

b)

HT	ZT	T	H	Z	E
				4	2
			4	2	0
		4	2	0	0
	4	2	0	0	0
4	2	0	0	0	0

:7 →

HT	ZT	T	H	Z	E

2

a)
35 : 5 = ______
350 : 5 = ______
3500 : 5 = ______
35000 : 5 = ______
350000 : 5 = ______

b)
64 : 8 = ______
640 : 8 = ______
6400 : 8 = ______
64000 : 8 = ______
640000 : 8 = ______

c)
30 : 6 = ______
300 : 6 = ______
3000 : 6 = ______
30000 : 6 = ______
300000 : 6 = ______

d)
24 : 4 = ______
240 : 4 = ______
2400 : 4 = ______
24000 : 4 = ______
240000 : 4 = ______

3

a) 21000 : 7 = ______
21 : 7 = ______
210 : 7 = ______

b) 1800 : 3 = ______
18000 : 3 = ______
180 : 3 = ______

c) 420 : 6 = ______
42 : 6 = ______
4200 : 6 = ______

4 Wie rechnest du? Im Kopf oder halbschriftlich?

a) 16004 : 4 = ______
b) 27060 : 3 = ______
c) 320400 : 8 = ______
d) 639000 : 9 = ______

5 Schau genau.

a) 64000 : 8 = ______
64008 : 8 = ______

b) 27000 : 9 = ______
27018 : 9 = ______

c) 32000 : 8 = ______
32032 : 8 = ______

d) 54009 : 9 = ______
54090 : 9 = ______

e) 16008 : 4 = ______
16036 : 4 = ______

f) 15050 : 5 = ______
15500 : 5 = ______

3000 3002 3010 3100 4000 4002 4004 4009 5002 6001 6010 8000 8001

› 5 Selbstkontrolle: Die Lösungszahl, die übrig bleibt, einkreisen und mit der eines anderen Kindes vergleichen.

› zu Schulbuch-Seite 61

Wer lebt im Gartenteich? Addiere die Ergebnisse in jedem Seerosenblatt und ordne die Summe einer Blüte zu. Dann erhältst du das Lösungswort.

1

1 800 : 30 = ______
3 200 : 80 = ______
4 500 : 90 = ______
28 000 : 70 = ______
16 000 : 40 = ______
Summe: ______

2

24 000 : 600 = ______
63 000 : 700 = ______
40 000 : 800 = ______
270 000 : 900 = ______
360 000 : 400 = ______
Summe: ______

3

56 000 : 7 000 = ______
63 000 : 9 000 = ______
240 000 : 8 000 = ______
180 000 : 6 000 = ______
250 000 : 5 000 = ______
Summe: ______

4

2 000 : 500 = ______
4 500 : 900 = ______
5 600 : 700 = ______
8 000 : 400 = ______
3 000 : 600 = ______
Summe: ______

5

49 000 : 70 = ______
64 000 : 80 = ______
24 000 : 800 = ______
81 000 : 9 000 = ______
36 000 : 6 000 = ______
Summe: ______

6

33 000 : 30 = ______
540 : 90 = ______
4 800 : 800 = ______
210 000 : 7 000 = ______
3 600 : 60 = ______
Summe: ______

H 1 202 | R 1 380 | S 42
O 125 | C 1 545 | F 950

____ ____ ____ ____ ____ ____
1 2 3 4 5 6

1 Fülle die Tabelle aus.

a)	1 km 250 m	m
b)	3 km 107 m	m
c)		2618 m
d)		45 m
e)	5 km 70 m	m
f)		703 m

2 Schreibe auf eine andere Weise.

a) 4 km 800 m = ______ m

4 km 80 m = ______ m

4 km 8 m = ______ m

b) 4070 m = ___ km ____ m

470 m = ___ km ____ m

47 m = ___ km ____ m

3 Wie viele Kilometer, wie viele Meter sind es? Schreibe auf eine andere Weise.

a) $\frac{1}{4}$ km = ______ m

$\frac{1}{2}$ km = ______ m

$2\frac{1}{2}$ km = ______ m

$3\frac{3}{4}$ km = ______ m

b) 6500 m = ___ km ____ m

1060 m = ___ km ____ m

700 m = ___ km ____ m

89 m = ___ km ____ m

c) 6 km 900 m = ______ m

4 km 17 m = ______ m

9 km 125 m = ______ m

3 km 3 m = ______ m

d) 17 km 80 m = ______ m

4 km 7 m = ______ m

29 km 105 m = ______ m

8 km 13 m = ______ m

4 Färbe gleiche Längen in derselben Farbe.

$5\frac{1}{2}$ km	5 km 250 m	5 km 100 m	5 750 m
5 100 m	$5\frac{3}{4}$ km	5 500 m	$5\frac{1}{4}$ km

5 Ergänze.

a) 2 km 400 m + ______ m = 3 km

$4\frac{1}{2}$ km + ______ m = 5 km

9 km 90 m + ______ m = 10 km

b) 6 km − ________ = $5\frac{1}{2}$ km

9 km − ________ = 8 km 900 m

5 km − ________ = 4 km 150 m

6 Ordne die Längen von kurz nach lang.

a) 770 m | 7 km 70 m | 77 m | 77 km

____

b) 5 km 6 m | 560 m | 56 km | 56 m

____

› zu den Schulbuch-Seiten 64 u. 65

1 Frau Klein fährt täglich 17 km mit dem Auto zur Arbeit. Wie viele Kilometer legt sie pro Tag für ihren Arbeitsweg zurück?
Wie viele Kilometer legt sie von Montag bis Freitag zurück?

A1: ______________________________

A2: ______________________________

2 Herr Klein fährt mit dem Zug.
Seine Arbeitsstätte ist 86 km entfernt.
Wie viele Kilometer legt er pro Tag für seinen Arbeitsweg zurück?
Wie viele Kilometer legt er von Montag bis Freitag zurück?

A1: ______________________________

A2: ______________________________

3 Kai und Tim Klein gehen jeden Morgen zu Fuß zur Schule. Der Schulweg ist 1800 m lang.
Im Februar sind es 20 Schultage.
Wie viele Kilometer geht Kai pro Tag?
Wie viele Kilometer sind es im Februar?

A1: ______________________________

A2: ______________________________

4 Kai ist größer als sein Bruder Tim. Wenn Kai einen Schritt macht, legt er 60 cm zurück. Tims Schrittlänge beträgt 50 cm.
a) Wie viele Schritte macht Kai täglich auf dem Hinweg zur Schule?
b) Wie viele Schritte muss Tim auf dem Hinweg zur Schule machen?
c) Wie viele Schritte macht Tim auf dem gesamten Schulweg mehr als Kai?

Kai

Länge	60 cm	6 m		
Schritte	1			

Tim

Länge	50 cm		
Schritte	1		

a) ________ Schritte   b) ________ Schritte   c) ________ Schritte

› 4 Die Angaben zur Länge des Schulweges aus Aufgabe 3 verwenden.

› zu Schulbuch-Seite 66

1 Multipliziere schriftlich.

a) 7 5 3 · 3 (H Z E / T H Z E)

b) 8 4 1 · 6 (H Z E / T H Z E)

c) 9 2 7 · 5 (H Z E / T H Z E)

d) 2 5 3 · 4 (H Z E / T H Z E)

1012 2259 2612 4635 5046

2
a) 5 4 3 · 3
b) 6 3 9 · 6
c) 2 8 6 · 8
d) 4 2 7 · 4
e) 7 6 4 · 5
f) 4 7 2 · 9
g) 3 5 8 · 7
h) 8 5 6 · 3

1629 1708 2288 2506 2568 3529 3820 3834 4248

3
a) 4 8 2 3 · 3
b) 8 2 5 4 · 7
c) 2 5 4 3 2 · 6
d) 3 4 6 2 3 · 8
e) 6 1 2 4 · 5
f) 7 5 1 4 · 4
g) 4 2 9 1 6 · 9
h) 1 8 6 2 5 · 3

14469 30056 30620 55875 57778 89657 152592 276984 386244

4
a) Ü: 4 6 0 7 · 8
b) Ü: 7 3 0 5 · 3
c) Ü: 2 3 0 5 8 · 4
d) Ü: 5 0 3 8 · 4

5
a) 6 0 5 9 · 5
b) 4 6 0 3 · 9
c) 1 2 9 6 0 · 6
d) 2 4 0 8 5 · 5
e) 3 7 5 0 · 6
f) 2 3 0 9 · 3
g) 1 0 0 5 6 · 4
h) 3 0 6 0 8 · 2

6927 22500 30295 40224 41427 60216 61216 77760 120425

› **1, 2, 3 u. 5** Selbstkontrolle: Die Lösungszahl, die übrig bleibt, einkreisen und mit der eines anderen Kindes vergleichen.

› zu den Schulbuch-Seiten 70 u. 71

1 Finde den Fehler in jeder Aufgabe. Ordne zu. Dann rechne richtig.

① Einmaleins falsch | ② Übertrag vergessen | ③ Null vergessen | ④ Einzelergebnisse aufgeschrieben

a) 5 3 7 · 9 = 4 8 3 6 ◯ — 5 3 7 · 9

b) 2 8 0 3 · 4 = 8 3 2 0 1 2 ◯ — 2 8 0 3 · 4

c) 2 7 3 4 · 5 = 1 0 5 5 0 ◯ — 2 7 3 4 · 5

d) 7 3 0 4 6 · 7 = 5 1 4 2 2 ◯ — 7 3 0 4 6 · 7

e) 6 3 4 7 · 6 = 3 6 8 4 2 ◯ — 6 3 4 7 · 6

f) 7 0 4 3 · 9 = 6 6 8 7 ◯ — 7 0 4 3 · 9

g) 4 5 0 7 · 6 = 2 7 5 4 2 ◯ — 4 5 0 7 · 6

h) 6 1 2 4 2 · 3 = 1 8 3 6 1 2 6 ◯ — 6 1 2 4 2 · 3

2 Drei Aufgaben sind falsch gerechnet. In welche Kiste aus Aufgabe 1 gehören sie? Rechne richtig.

a) 4 7 5 · 8 = 3 2 0 0 ◯

b) 3 0 9 2 · 6 = 2 3 5 2 ◯

c) 7 4 0 6 · 3 = 2 2 2 1 8 ◯

d) 6 8 4 5 7 · 2 = 1 3 6 9 0 7 ◯

3 0 1 2 3 4 5 6 7 8 9

Bildet aus den Ziffernkarten eine vierstellige Zahl. Multipliziert sie mit 6. Findet jeweils zwei Aufgaben.

a) Die Ergebnisse sollen verschiedene Endziffern haben.
b) Die Ergebnisse sollen die Endziffer Null haben.
c) Die Ergebnisse sollen an der Zehnerstelle die Ziffer Null haben.

a)

b)

c)

› **1** u. **2** Bei der Zuordnung der Fehler kann der Kreis auch in der Farbe der Kiste angemalt werden. Ergebnisse mit denen eines anderen Kindes vergleichen.
› Bei Bedarf Buchbeilage *Ziffernkarten 0 bis 9* verwenden.

› zu Schulbuch-Seite 72

1 Zahline hat Zahlenrätsel geschrieben. Die gesuchten Zahlen haben immer drei gleiche Ziffern.

a) Das Dreifache meiner Zahl liegt zwischen 1 200 und 1 400.

b) Das Fünffache meiner Zahl liegt zwischen 1 000 und 1 200.

c) Das Doppelte meiner Zahl liegt zwischen 1 900 und 2 000.

2

a) 4 3 5 □ · 6 = 2 6 □ 2 4

b) 3 2 □ 7 · 8 = □ 5 9 7 □

c) □ 4 6 9 □ · 9 = 1 3 □ 2 5 5

d) □ □ 3 4 0 · 5 = 3 5 6 7 □ 0

e) □ 3 4 5 · 4 = 2 5 □ 8 0

f) 6 □ 2 □ · 3 = 2 □ 1 6 9

g) 5 □ □ 6 2 · 7 = 4 1 4 1 □ 4

h) 4 7 0 □ □ · 3 = 1 □ 1 □ 0 7

3 Überschlage zuerst. Ordne das Ergebnis ein. Dann rechne genau.

	Aufgabe	Überschlag	das Ergebnis wird größer oder kleiner sein	das genaue Ergebnis
a)	728 · 6	700 · 6 =	Ergebnis wird	
b)	596 · 8		Ergebnis	
c)	1 912 · 3		Ergebnis	

a) 7 2 8 · 6

4 In jedem Päckchen ist ein Ergebnis falsch. Überprüfe durch einen Überschlag im Kopf. Schreibe richtig (r) oder falsch (f). Dann rechne richtig.

a) 795 · 6 = 4 770 ◯
293 · 7 = 2 051 ◯
624 · 5 = 5 120 ◯

b) 3 409 · 7 = 23 863 ◯
5 882 · 4 = 23 528 ◯
2 347 · 6 = 12 882 ◯

c) 6 389 · 3 = 18 167 ◯
536 · 8 = 4 288 ◯
9 909 · 9 = 89 181 ◯

› zu Schulbuch-Seite 73

1 Multipliziere schriftlich.

a) 4,78 € · 3 = ____ €
b) 7,45 € · 7
c) 8,39 € · 6
d) 6,94 € · 5
e) 4,65 € · 8
f) 5,75 € · 9

14,34 € 34,70 € 37,20 € 50,34 € 51,75 € 52,15 € 56,75 €

2
a) 23,76 € · 4
b) 53,92 € · 5
c) 37,05 € · 6
d) 43,06 € · 3
e) 60,86 € · 7
f) 19,86 € · 9

95,04 € 129,18 € 178,74 € 222,30 € 269,60 € 358,74 € 426,02 €

3 Zwei Aufgaben sind falsch gelöst. Rechne richtig.

a) 7,85 € · 3 = 2,355 €
b) 5,04 € · 7 = 35,28 €
c) 68,08 € · 4 = 27232 €

4

Stück 1,48 €

Stück 7,69 €

Stück 11,95 €

Stück 14,98 €

Wie viel Euro kosten die Dinge auf den Wunschlisten zusammen?

a) **Maxim:**
4 Flummis
2 Autos

A: ____________________

b) **Ella:**
3 Figuren
3 Armbänder

A: ____________________

› **1** u. **2** Selbstkontrolle: Die Lösungszahl, die übrig bleibt, einkreisen und mit der eines anderen Kindes vergleichen.

1 Pinguin Lars hat eine neue Lieblingsspeise. Was könnte es sein?
Rechne die Aufgaben und bringe die Buchstaben in die richtige Reihenfolge.

① 862 · 60
② 705 · 80
③ 615 · 50
④ 523 · 40
⑤ 519 · 70
⑥ 806 · 30
⑦ 248 · 60

Lars liebt neuerdings ___ ___ ___ ___ ___ ___ ___ !
① ② ③ ④ ⑤ ⑥ ⑦

30750	51720	56400	14880	20920	24180	36330
K	M	A	E	R	L	E

2 Zu den Pinguinen im Zoo kommen pro Tag im Durchschnitt 655 Besucherinnen und Besucher. Wie viele sind es im Durchschnitt in einem Monat (30 Tage)?

A: ______________________________

3 In das Affenhaus kommen pro Tag im Durchschnitt 850 Kinder, 795 Frauen und 780 Männer.

a) Wie viele Personen besuchen im Durchschnitt pro Monat (30 Tage) das Affenhaus?

A: ______________________________

b) Wie viele Erwachsene besuchen im Durchschnitt in 90 Tagen das Affenhaus?

A: ______________________________

› zu Schulbuch-Seite 75

1

a) 54 · 23 b) 71 · 66 c) 46 · 37 d) 89 · 45

1 242 1 702 3 652 4 005 4 686

2

a) 375 · 53 b) 718 · 42 c) 454 · 26 d) 526 · 36

11 804 18 936 19 875 26 498 30 156

3

a) 2179 · 83 b) 4156 · 34 c) 31528 · 19

141 304 180 857 599 032 742 615

4 Drei Aufgaben sind falsch gelöst. Rechne sie richtig.

a)

4	1	9	·	5	9
	2	0	5	0	
		3	6	9	2
	2	4	1	9	2

b)

9	7	4	·	5	1
		4	8	7	
			9	7	4
		5	8	4	4

c)

4	5	1	3	·	3	7
	1	3	5	3	9	
		3	1	5	9	1
	1	6	6	9	8	1

d)

2	3	0	1	·	6	8
		1	3	8	6	
			1	8	4	8
		1	5	7	0	8

5 Welche Ziffern fehlen, damit die Rechnung stimmt?

a)

□	6	·	2	7
	1	5	□	
		□	3	□
	2	□	5	2

b)

3	8	·	□	2
	□	5	2	
			7	□
	1	□	□	6

c)

6	□	3	·	5	□
	3	0	1	5	
		4	□	2	4
	□	4	9	□	4

d)

□	5	2	·	3	□
	2	8	□	□	
		□	8	□	8
	□	2	3	6	□

› **1–3** Selbstkontrolle: Die Lösungszahl, die übrig bleibt, einkreisen und mit der eines anderen Kindes vergleichen.

› zu Schulbuch-Seite 76

1 Welche Aufgaben rechnest du im Kopf? Welche rechnest du schriftlich? Entscheide bei jeder Aufgabe neu.

a) 158 · 76 = ________

b) 605 · 40 = ________

c) 202 · 5 = ________

d) 720 · 17 = ________

e) 81 · 20 = ________

f) 768 · 64 = ________

g) 454 · 62 = ________

h) 3999 · 5 = ________

2

a) 1304 · 93

b) 4079 · 73

c) 2809 · 67

d) 2875 · 35

e) 5046 · 78

f) 8527 · 49

g) 30824 · 26

h) 20058 · 52

› zu Schulbuch-Seite 77

1 Am Wandertag bezahlt jedes der 25 Kinder der Klasse 4a den Eintritt in Höhe von 6,40 € für den Baumwipfelpfad.

F: ______________________________

A: ______________________________

2 Später treffen sich alle drei vierten Klassen am Kiosk.
27 Kinder essen jeweils ein Stück Pizza für 3,95 €. 23 Kinder wählen jeweils eine Käsebreze für 2,65 €. Eine belegte Semmel und ein Getränk kosten zusammen 6,45 €. Dies kaufen sich 24 Kinder.

F: Wie viel Euro nimmt der Kioskbesitzer insgesamt ein?

A: ______________________________

3

a) 56,25 € · 93

€

b) 76,62 € · 47

c) 259,52 € · 28

1 Fünf Netze. Welche davon sind Quadernetze? Kreuze an.
Färbe in diesen Netzen gegenüberliegende Flächen in der gleichen Farbe.

A ◯

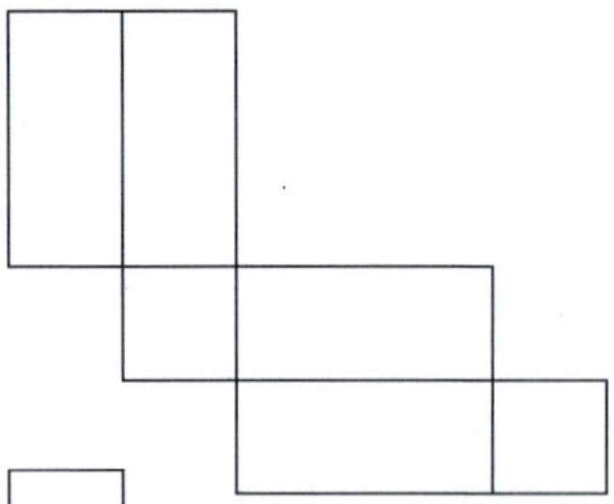

B ◯

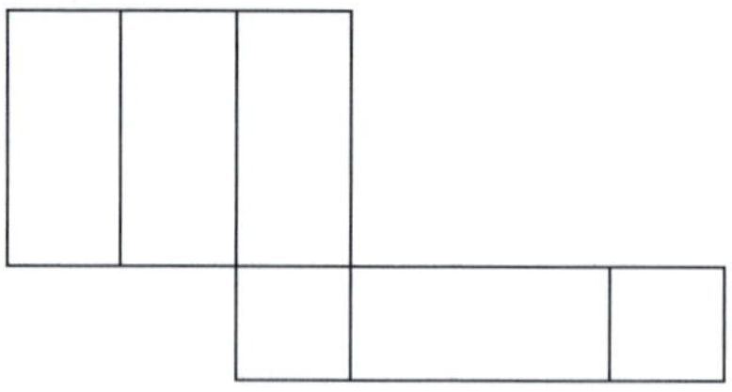

C ◯

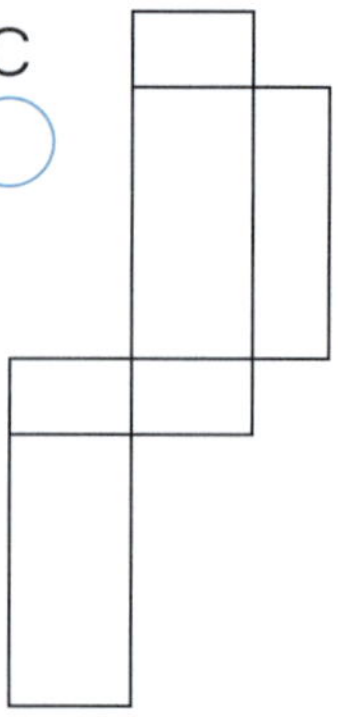

D ◯

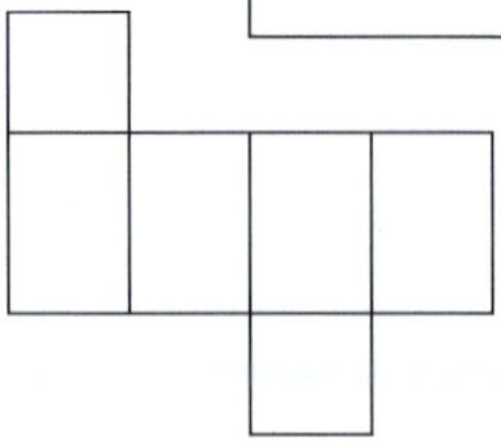

E ◯

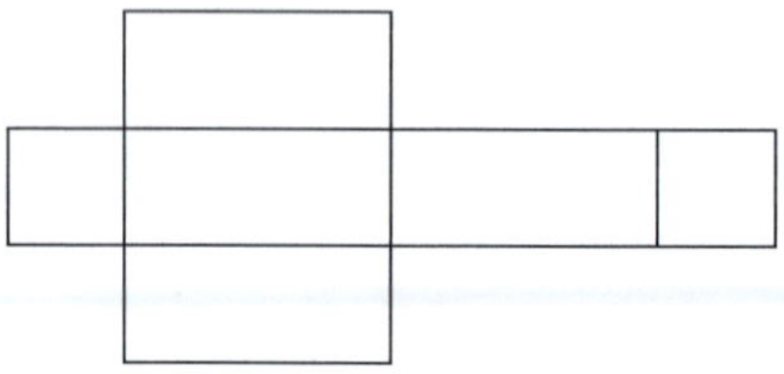

2 Richtig (r) oder falsch (f)? Kreuze an.

a) Ein Quadernetz besteht aus fünf zusammenhängenden rechteckigen Flächen.
(r) (f)

b) In einem Quadernetz sind die gegenüberliegenden Flächen gleich groß.
(r) (f)

c) Ein Quadernetz ist auch ein Würfelnetz, wenn alle sechs Flächen quadratisch sind.
(r) (f)

3 Falte in Gedanken. Die blaue Fläche liegt unten (u).
Welche Fläche liegt oben (o), vorne (v), hinten (h), rechts (r), links (l)?
Beschrifte. Färbe gegenüberliegende Flächen in der gleichen Farbe.

a)

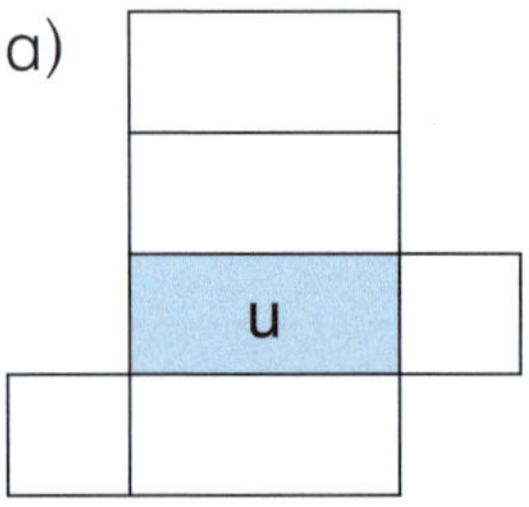

b)

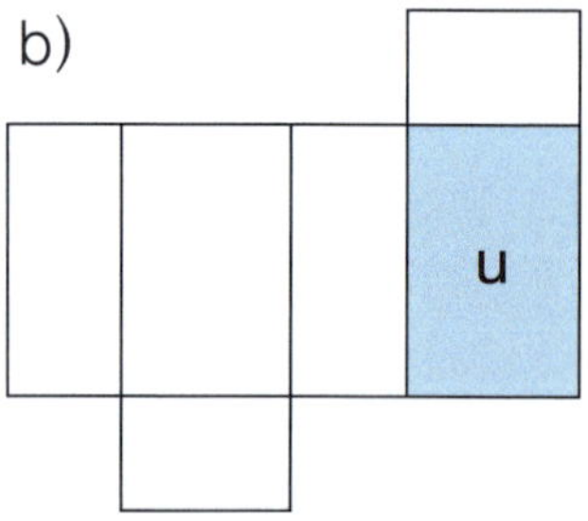

c)

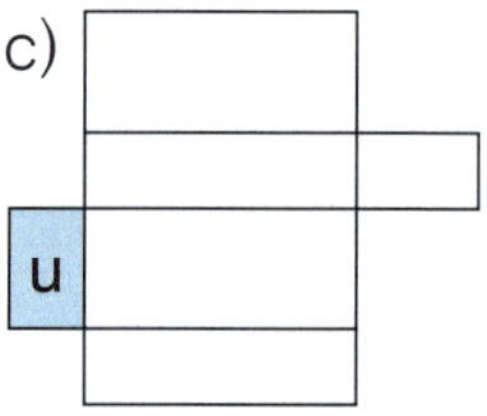

4 An diesem Quader sind drei Ecken gefärbt.
Zeichne in die Netze die Ecken in der jeweiligen Farbe.

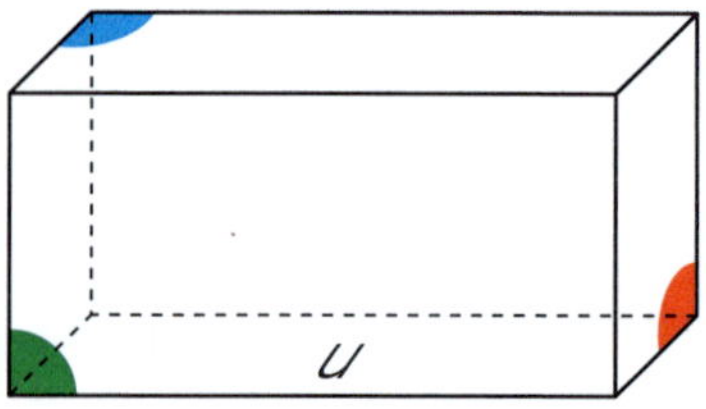

a)

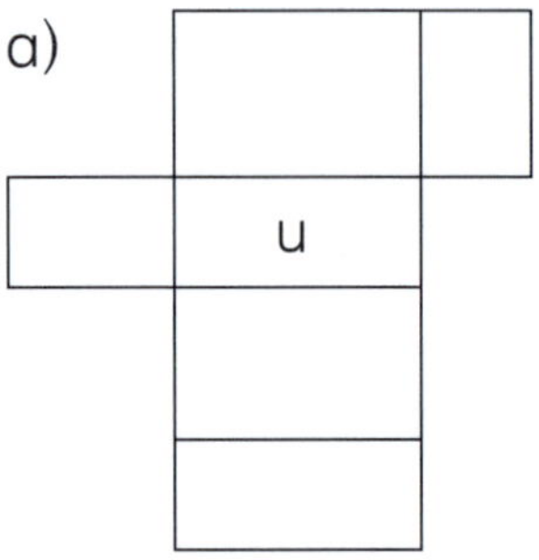

b)

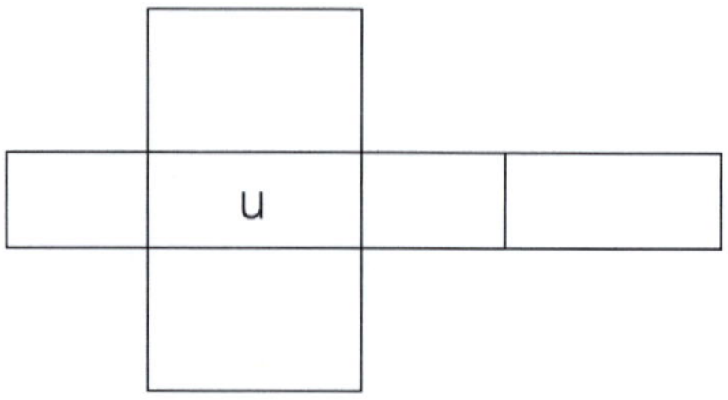

› zu den Schulbuch-Seiten 84 u. 85

1 Wie wurde der Quader gekippt? Schreibe auf.

a)

Startposition Endposition

Startposition
nach vorne
______
______
Endposition

b)

Startposition Endposition

Startposition
______
______
______
Endposition

2 Wie liegt der Quader nach dem Kippen? Schreibe den Buchstaben unter das passende Bild der Endposition.

A: Ich kippe nach links und nach hinten.

B: Ich kippe nach rechts und noch einmal nach rechts.

C: Ich kippe nach hinten, nach rechts, noch einmal nach rechts und nach vorne.

D: Ich kippe nach hinten, nach rechts, nach hinten, nach links und dann nach vorne.

______ ______ ______ ______

3 Ein Quader wird nach Anweisung gekippt. Male die Flächen in der richtigen Farbe an. (Gegenüberliegende Flächen haben dieselbe Farbe.)

a)

zuerst nach rechts gekippt:

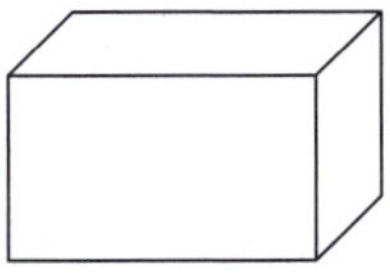

dann nach vorne gekippt:

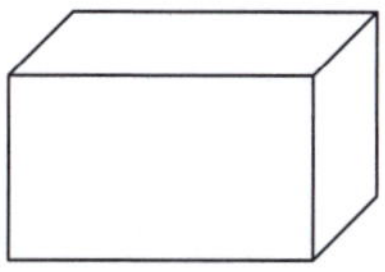

b)

zuerst nach hinten gekippt:

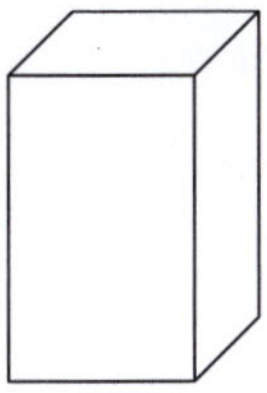

dann nach links gekippt:

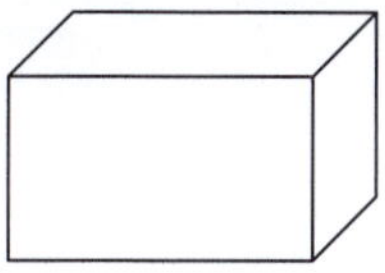

1 Wie viele Milliliter sind es?

a) 1 l 352 ml = ______ ml
4 l 802 ml = ______ ml
8 l 670 ml = ______ ml

b) 4 l 11 ml = ______ ml
3 l 95 ml = ______ ml
10 l 80 ml = ______ ml

c) 6 l 5 ml = ______ ml
5 l 9 ml = ______ ml
13 l 3 ml = ______ ml

2 Zeichne ein, wie hoch die Flüssigkeit im Messbecher ist.
Wie viele Milliliter sind es?

a) b) c) d)

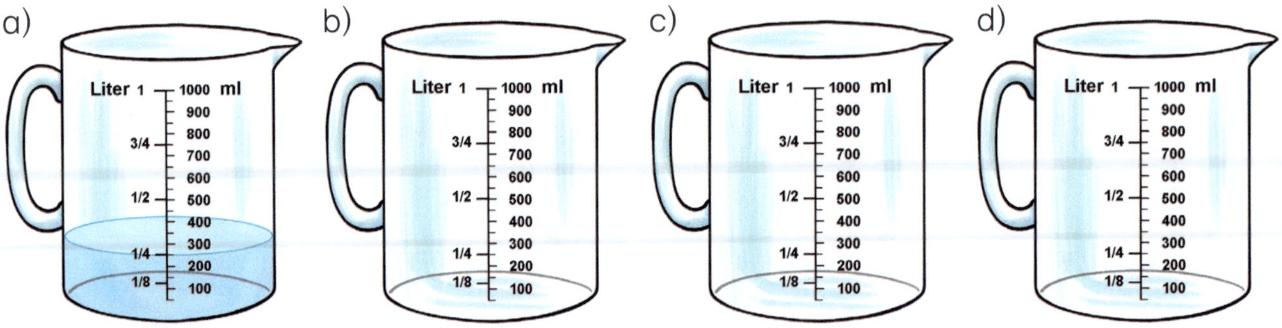

a) $\frac{1}{4}$ l = ______ ml
b) 1 l = ______ ml
c) $\frac{1}{8}$ l = ______ ml
d) $\frac{1}{2}$ l = ______ ml

3 Wie viele Milliliter sind es?

a) 5 l = ______ ml
10 l = ______ ml

b) $3\frac{1}{4}$ l = ______ ml
$7\frac{1}{2}$ l = ______ ml

c) $2\frac{1}{8}$ l = ______ ml
$4\frac{1}{4}$ l = ______ ml

4 Wie viele Liter sind es?

a) 1 500 ml = $1\frac{1}{2}$ l
2 250 ml = ______ l

b) 7 250 ml = ______ l
3 125 ml = ______ l

c) 6 250 ml = ______ l
10 500 ml = ______ l

5 Wie viele Liter sind es?

$\frac{1}{8}$ l, $\frac{1}{4}$ l, $\frac{1}{2}$ l, 1 l

a)

2 Flaschen Wasser	___ l
5 Flaschen Wasser	___ l

b)

2 Flaschen Schorle	___ l
6 Flaschen Schorle	___ l

c)

2 Gläser Kakao	___ l
5 Gläser Kakao	___ l

d)

2 Gläser Saft	___ l
4 Gläser Saft	___ l

6 Luis sagt: „Am Wochenende habe ich viel getrunken. Zwei Flaschen Wasser, zwei Gläser Kakao, eine Flasche Schorle und zwei Gläser Saft."

F: ______________________________

L: ______________________________

A: ______________________________

› **2, 3** u. **5** Hinweis: Die Bruchzahl $\frac{1}{8}$ (ein Achtel) ist **kein verbindlicher Inhalt des LehrplanPLUS**.

› zu den Schulbuch-Seiten 88 u. 89

1 Wie hoch ist der Wasserverbrauch pro Person in Litern (l)

a) an einem Tag? ______ l

b) in einer Woche? ______ l

c) in einem Monat (30 Tage)? ______ l

d) in einem halben Jahr? ______ l

Täglicher Wasserverbrauch pro Person in Litern (l)	
Trinken und Kochen	3 l
Baden/Duschen/ Körperpflege	45 l
Toilette	40 l
Wäsche waschen	15 l
Geschirr spülen	7 l
Putzen	6 l
Blumen gießen und sonstige Tätigkeiten	6 l
Gesamtverbrauch	______ l

2 Zu Hannahs Familie gehören ihr kleiner Bruder und ihre Eltern. Wie viele Liter Wasser verbraucht Hannahs Familie an einem Tag?

A: ______________________________

3 Jeder von uns kann Wasser sparen. Wie viele Liter Wasser können diese Personen sparen?

Aktivität	Höchst-verbrauch	Niedrig-verbrauch
Toilettenspülung	alter Spülkasten 9 l	mit Stopptaste 5 l
Waschmaschine	altes Modell 90 l	Sparmodell 40 l
Spülmaschine	altes Modell 30 l	Sparmodell 12 l
Körperpflege	Vollbad 120 l	Duschen 40 l
Zähne putzen	mit fließendem Wasser: 15 l	mit Zahnputz-becher: 300 ml

a) 

Ich muss täglich 7-mal zur Toilette.

Benno Huber

höchster Verbrauch: __________

niedrigster Verbrauch: __________

Ersparnis: __________ l

b) Ich wasche fünf Maschinen Wäsche pro Woche.

Mutter Huber

höchster Verbrauch: __________

niedrigster Verbrauch: __________

Ersparnis: __________ l

c) Unsere Spülmaschine läuft siebenmal pro Woche.

Vater Huber

höchster Verbrauch: __________

niedrigster Verbrauch: __________

Ersparnis: __________ l

› 2 Die Angaben aus Aufgabe 1 verwenden.
› Möglicher Diskussionsanlass über Wasserverbrauch im Haushalt, in der Schule usw.

› zu Schulbuch-Seite 90

1 Wie schwer ist die Wassermenge?

a) 3 l = ____________ g
4 l = ____________
11 l = ____________

b) $3\frac{1}{8}$ l = ____________
$1\frac{1}{2}$ l = ____________
$6\frac{1}{2}$ l = ____________

c) $6\frac{1}{4}$ l = ____________
$4\frac{3}{4}$ l = ____________
$2\frac{1}{8}$ l = ____________

2 Fülle die Tabelle aus.

a)	2 kg 500 g	g
b)	4 kg 250 g	g
c)		3 725 g
d)		500 g
e)	10 kg 250 g	g

3 Wie viel Gramm sind es?

a) $\frac{1}{4}$ kg = ________ g
$1\frac{1}{8}$ kg = ________ g

b) $3\frac{3}{4}$ kg = ________ g
$2\frac{1}{4}$ kg = ________ g

4 Ordne die Pakete nach ihrem Gewicht. Beginne mit dem kleinsten Gewicht.

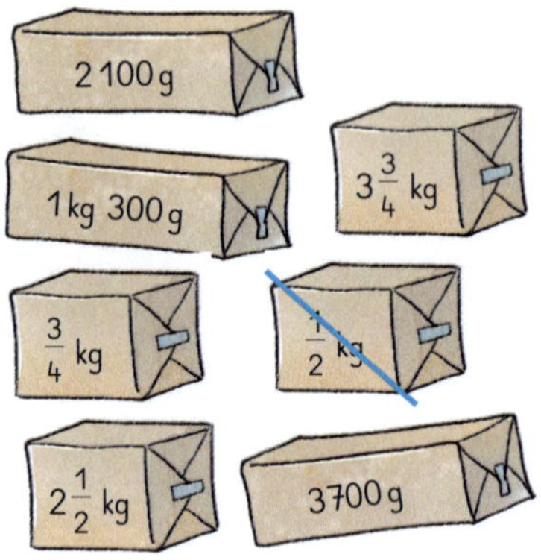

$\frac{1}{2}$ kg

5 Male gleiche Gewichtsangaben in derselben Farbe an. Immer zwei gehören zusammen.

5 kg | $5\frac{1}{8}$ kg | $5\frac{1}{2}$ kg | 5 250 g | 5 125 g | 5 000 g | $5\frac{1}{4}$ kg | 5 500 g | 5 750 g | $5\frac{3}{4}$ kg

6 Ein Glas Gewürzgurken wiegt 425 g. In einem Karton sind acht Gläser. Der leere Karton wiegt 250 g. Wie viel Kilogramm wiegt der Karton mit den Gläsern?

A: ________________________________

7 Wie viele Packungen werden jeweils benötigt?

a) 1 kg Butter: ____ Päckchen zu je 250 g
b) 100 kg Kartoffeln: ____ Säcke zu je 25 kg
c) $2\frac{1}{2}$ kg Quark: ____ Packungen zu je 500 g
d) 1 200 g Schokolade: ____ Tafeln zu je 100 g
e) $4\frac{1}{2}$ kg Mais: ____ Dosen zu je 450 g

8

A: ________________________________

› 1, 3 u. 4 Hinweis: Die Bruchzahl $\frac{1}{8}$ (ein Achtel) ist **kein verbindlicher Inhalt des LehrplanPLUS**.

› zu Schulbuch-Seite 92

1 Gleiche Mengen, verschiedene Preise. Rechne aus und vergleiche.

a)

1 Heft	€
5 einzelne Hefte	€
Großpackung	€
gespart	€

b)

1 Filzstift	€
4 einzelne Filzstifte	€
Großpackung	€
gespart	€

c)

1 Karte	€
6 einzelne Karten	€
Großpackung	€
gespart	€

a) 0,28 € · 5

2 Es werden 24 Filzstifte benötigt. Drei Kinder teilen sich den Einkauf. Jedes Kind kauft acht Stifte. Paula kauft nur einzelne Stifte, Anna kauft nur Großpackungen und Vitali kauft eine Großpackung und einzelne Stifte.

F: ______

Paula bezahlt: Anna bezahlt: Vitali bezahlt:

A: ______

3 Frau Meier möchte 1 l Wasser kaufen. Wie viel Geld kann sie sparen, wenn sie gleich die große Flasche Wasser kauft?

Inhalt	Anzahl der Flaschen für 1 l	Preis	Ersparnis bei 1-l-Flasche
200 ml	5	€	€
250 ml		€	€
500 ml		€	€

0,35 € · 5

Blau gewinnt! Gewonnen hat, wer mit verbundenen Augen eine blaue Kugel zieht.

1 Welcher Chancenstreifen passt zu welcher Schale?
Ordne zu. Färbe die restlichen Kugeln in Schale 3 und 4 passend.

A Schale ______

B Schale ______

C Schale ______

D Schale ______

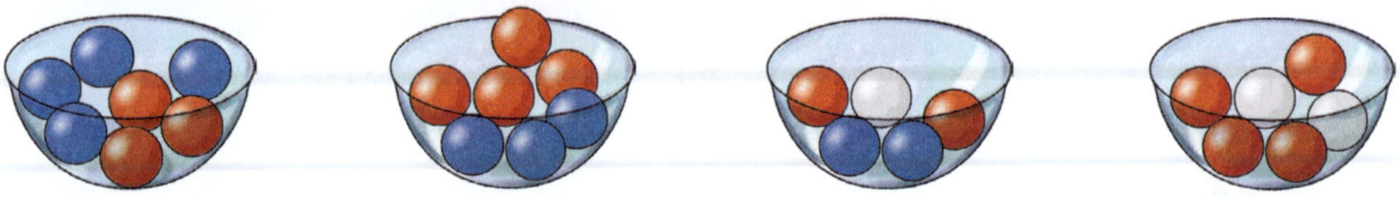

Schale 1 Schale 2 Schale 3 Schale 4

2 a) Färbe die Chancenstreifen passend.

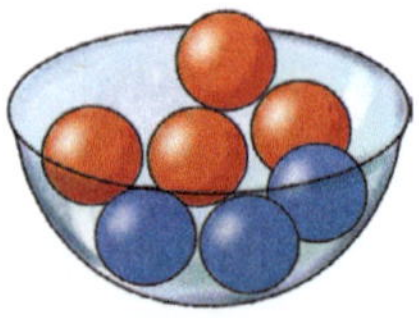

Schale 1

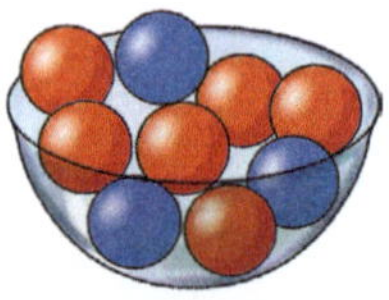

Schale 2

b) Vergleiche die Gewinnchancen. Welche Aussagen stimmen? Kreuze an.

In Schale 2 sind mehr Kugeln. Daher ist die Gewinnchance für Schale 2 größer. ○	In beiden Schalen sind gleich viele blaue Kugeln. In Schale 2 sind aber mehr rote Kugeln. Daher ist die Gewinnchance für Schale 1 größer. ○	In beiden Schalen sind gleich viele blaue Kugeln. Daher ist die Gewinnchance gleich. ○	Die Gewinnchance für Schale 1 ist größer, weil der blaue Bereich auf dem Chancenstreifen größer ist. ○

3 Vergleiche die drei Schalen. Färbe die Chancenstreifen passend.
Kreuze die Schale an, bei der die Gewinnchance am größten ist.

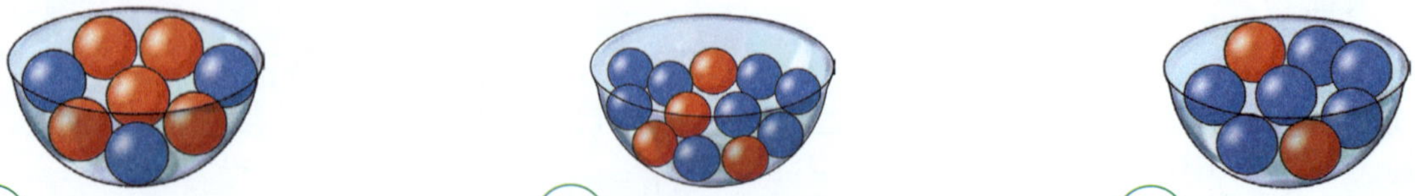

○ Schale 1 ○ Schale 2 ○ Schale 3

Chancenstreifen zu Schale ______

Chancenstreifen zu Schale ______

Chancenstreifen zu Schale ______

› **1 – 3** Die Annahme von oben, dass Blau gewinnt, gilt für alle Aufgaben dieser Seite.

› zu Schulbuch-Seite 95

1

Du gewinnst, wenn du eine blaue Kugel aus dem Beutel ziehst.

a) Bei welchem Beutel ist die Gewinnchance am höchsten? Begründe.
Am höchsten ist sie bei Beutel ____, weil ______________________________

____

b) Verändere den Inhalt des Beutels aus Aufgabe a) so, dass du sicher gewinnst. Zeichne die Kugeln in den Beutel ein.

c) Zeichne in den Beutel neun Kugeln in drei verschiedenen Farben so ein, dass du unmöglich gewinnen kannst.

2

Du gewinnst, wenn du eine gelbe Kugel aus dem Beutel ziehst.

a) Bei welchem Beutel ist die Gewinnchance am höchsten? Begründe.
Am höchsten ist sie bei Beutel ____, weil ______________________________

____

b) Bei welchem Beutel ist die Chance zu gewinnen genau so groß wie die Chance zu verlieren? Begründe.
Bei Beutel Nummer ____ ist die Chance gleich groß, weil ______________

____

3

Du darfst eine Kugel ziehen. Beachte die Gewinnkarten.

Gewinnkarte A
Jede ungerade Zahl gewinnt.

Gewinnkarte B
Jede Zahl größer als 2 gewinnt.

Gewinnkarte C
Jede durch 3 teilbare Zahl gewinnt.

Gewinnkarte D
Alle Teiler von 6 gewinnen.

a) Mit welcher Gewinnkarte ist die Gewinnchance am höchsten? Gewinnkarte ____

b) Verändere die Zahlen auf den Kugeln so, dass du bei jeder Gewinnkarte sicher gewinnst. Beschrifte die Kugeln.

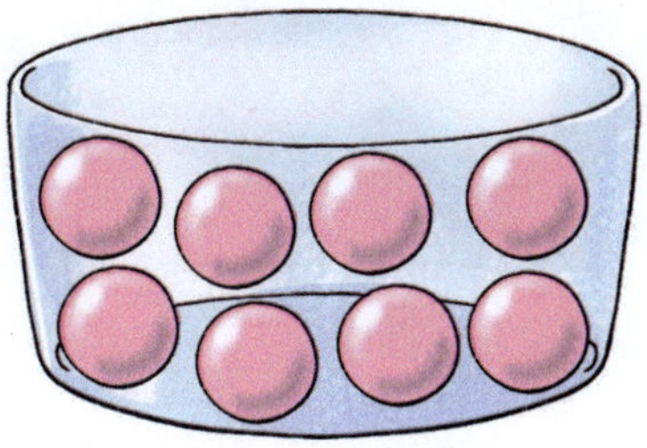

1 Elif hat zwei Mützen (M1, M2), drei Schals (S1, S2, S3) und zwei Winterjacken (W1, W2). Sie möchte wissen, wie viele verschiedene Kombinationen es gibt.

a) Zeichne das Baumdiagramm fertig und schreibe alle Kombinationen auf.

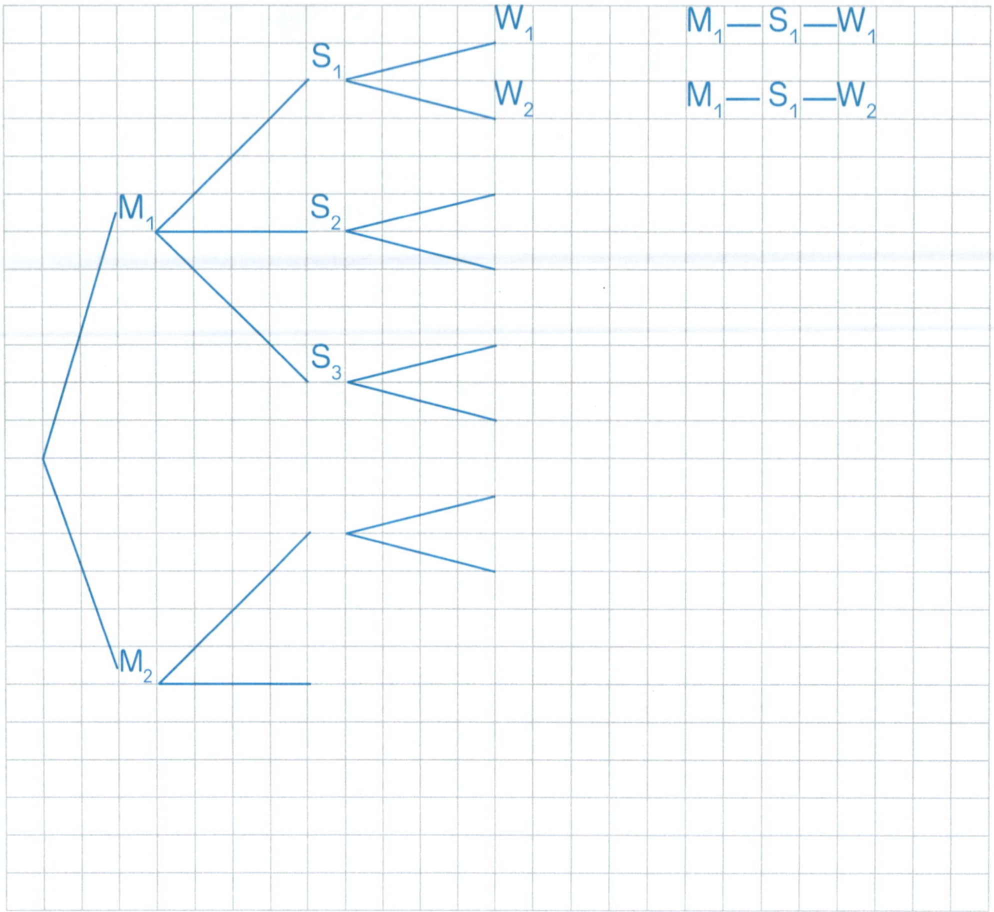

Es gibt ____ verschiedene Kombinationen.

b) Findest du eine Malaufgabe für die Anzahl der Kombinationen?

____

2 Leon hat Geburtstag. Bei seiner Feier wählt jedes Kind ein Stück Kuchen, ein Getränk und eine Nachspeise. Die Kinder dürfen selbst aussuchen, was sie möchten.

Kuchen	Getränke	Nachtisch
Obstkuchen	Apfelsaft	Eis
Schokoladenkuchen	Kakao	Fruchtspieß
Zitronenrolle	Wasser	

Finde eine Malaufgabe für die Anzahl der Kombinationen.

____

Es gibt ____ verschiedene Kombinationen.

› 2 Bei Bedarf kann zu dieser Aufgabe ein Baumdiagramm auf einem Blockblatt gezeichnet werden.

› zu Schulbuch-Seite 97

1 Anna (A), Belina (B), Carla (C) und Dilara (D) möchten an einem Gruppentisch sitzen.
Anna möchte gerne auf einem bestimmten Platz sitzen.

Anna

Belina

Carla

Dilara

a) Wie können sich die Kinder hinsetzen? Finde alle Möglichkeiten.
Schreibe die Anfangsbuchstaben jeweils in die Stühle (Kreise).

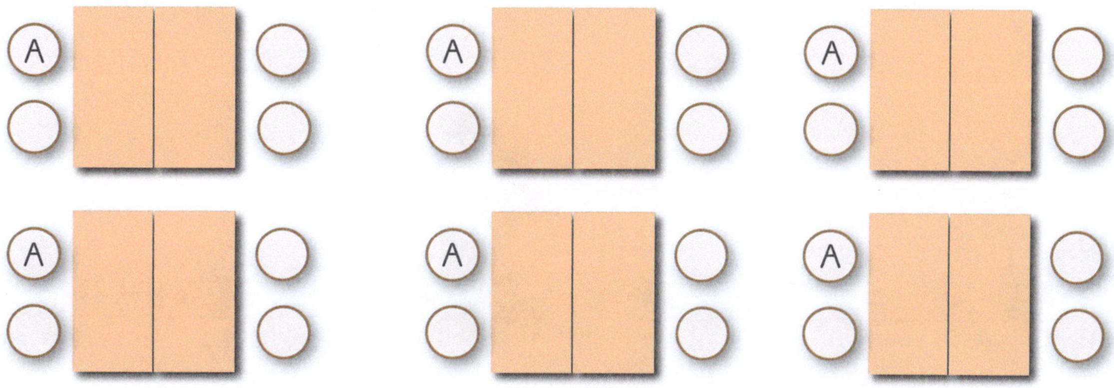

b) Wie viele Möglichkeiten der Sitzordnung gibt es, wenn auch Anna auf einem beliebigen Platz sitzen möchte? Berechne.

A: ______________________________

c) Anna sagt: „Mir ist egal, wo ich sitze. Es muss auf jeden Fall neben Belina sein."
Wie viele Möglichkeiten gibt es nun? Berechne oder skizziere.

A: ______________________________

› **1** Teilaufgabe c) kann auch zu zweit bearbeitet werden.

› zu Schulbuch-Seite 98

1 Dividiere schriftlich.

a)

H	Z	E			H	Z	E
•	•	•			•	•	•
9	7	2	:	4	=	2	
− 8							

b)

H	Z	E			H	Z	E
•	•	•					
9	4	2	:	6	=		

c)

H	Z	E			H	Z	E
9	6	6	:	7	=		

2 a)

T	H	Z	E			T	H	Z	E
7	6	4	1	:	3	=			

b)

T	H	Z	E			T	H	Z	E
9	4	7	2	:	4	=			

3 a)

ZT	T	H	Z	E			ZT	T	H	Z	E
7	1	9	2	2	:	3	=				

b)

ZT	T	H	Z	E			ZT	T	H	Z	E
6	4	2	7	5	:	5	=				

4 In jedem Päckchen ist eine einfache Aufgabe. Rechne im Kopf oder schriftlich.

a) 844 : 4 = ______

612 : 4 = ______

b) 5367 : 3 = ______

9636 : 3 = ______

› zu Schulbuch-Seite 101

1 a)

	T	H	Z	E				T	H	Z	E
	4	7	8	5	:	5	=				

b)

	T	H	Z	E				T	H	Z	E
	1	4	0	7	:	3	=				

2 a)

	T	H	Z	E				T	H	Z	E
	3	8	5	8	:	6	=				

b)

	T	H	Z	E				T	H	Z	E
	6	5	1	6	:	9	=				

3 Wie viel ist es?

a) Die Hälfte von 17158.

	ZT	T	H	Z	E			ZT	T	H	Z	E
	1	7	1	5	8	:		=				

b) Der achte Teil von 54840.

	ZT	T	H	Z	E			ZT	T	H	Z	E
						:		=				

4 Welches Ergebnis ist falsch? Überschlage und rechne dann richtig.

a) 17403 : 3 = 5801

Ü: ______________________________

b) 51618 : 6 = 8603

Ü: ______________________________

c) 29324 : 4 = 731

Ü: ______________________________

1 a) 2562 : 3 =

b) 6867 : 9 =

c) 56748 : 6 =

d) 33852 : 7 =

2 Prüfe mit der Anzahl der Ziffern im Ergebnis. Streiche falsche Lösungen durch.

3612 : 6 = 62	6832 : 4 = 1708	2040 : 5 = 408
4925 : 5 = 9850	5355 : 5 = 1071	2706 : 3 = 92

3 a) Berechne den vierten Teil von 2756.

b) Dividiere 5544 durch die Differenz der Zahlen 10 und 4.

4 Schwierige Aufgaben geschickt im Kopf lösen.

a) 636 : 6 = ______	b) 330 : 3 = ______	c) 763 : 7 = ______	d) 440 : 4 = ______
642 : 6 = ______	360 : 3 = ______	756 : 7 = ______	420 : 4 = ______
654 : 6 = ______	321 : 3 = ______	777 : 7 = ______	428 : 4 = ______

› zu Schulbuch-Seite 102

1

a) 9228 : 4 =

b) 5340 : 5 =

c) 20832 : 8 =

d) 27513 : 9 =

2 Finde in den Rechnungen den Fehler. Markiere ihn. Rechne dann richtig.

a)
```
 455 : 5 = 131
-5
 15
-15
  05
 - 5
   0
```

b)
```
 692 : 4 = 183
-4
 29
-28
  12
 -12
   0
```

c)
```
 8730 : 3 = 291
-6
 27
-27
  03
 - 3
   0
```

1 a) Ü: : 3 =

7 1 6 : 3 =
− 6

b) Ü: : 4 =

8 7 0 : 4 =

2 a) Ü: : 6 =

1 8 5 9 : 6 =

b) Ü: : 8 =

3 5 0 8 : 8 =

3 a) Ü: : 3 =

1 4 3 9 : 3 =

b) Ü: : 8 =

1 2 5 8 : 8 =

4 Wie viel ist es jeweils?

a) Der fünfte Teil von 3427.

b) Der siebte Teil von 3973.

› zu Schulbuch-Seite 104

1 Dividiere schriftlich.

a) Ü: 4 0, 0 0 € : 4 =

5 1, 8 8 € : 4 =
− 4

b) 8 7, 3 6 € : 6 =

c) 3 9 1, 6 0 € : 5 =

d) 5 0, 7 2 € : 8 =

2 a) Korbinian und Lukas kaufen für ihren Hund eine Viererpackung Hunde-Kauknochen für 19,20 €. Sie teilen sich die Kosten.

F: ______________________________

____

L:

A: ______________________________

____

b) Theo und Ida möchten für ihre Katze Spielbälle kaufen. Theo sagt: „Wenn wir das Angebot wählen, können wir pro Spielball 30 ct sparen.“ Hat er recht?

3,95 € pro Stück

ANGEBOT
3 Bälle: 10,95 €

L:

A: ______________________________

____

1 Sechs Kinder der Klasse 4a vergleichen ihre Nutzungsdauer digitaler Medien vom letzten Wochenende anhand einer Tabelle.

a) Berechne die gesamte Nutzungsdauer für jedes Kind.

b) Berechne die gesamte Nutzungsdauer für jedes digitale Medium.

Jungen: Nutzungsdauer digitaler Medien

	Fernsehen	Smartphone	Tablet	Computer	Spielkonsole	Andere	Summe
Peter	30 min	15 min	0 min	100 min	35 min	0 min	____ min
Josef	45 min	45 min	25 min	0 min	40 min	20 min	____ min
Malik	75 min	0 min	35 min	35 min	0 min	25 min	____ min
Summe	150 min 2 h 30 min	____ min __ h __ min	____ min __ h __ min	____ min __ h __ min	____ min __ h __ min	____ min __ h __ min	____ min __ h __ min

Mädchen: Nutzungsdauer digitaler Medien

	Fernsehen	Smartphone	Tablet	Computer	Spielkonsole	Andere	Summe
Pia	45 min	15 min	30 min	5 min	15 min	30 min	____ min
Jasmin	30 min	45 min	20 min	15 min	30 min	20 min	____ min
Cindy	60 min	45 min	10 min	40 min	0 min	40 min	____ min
Summe	____ min __ h __ min	____ min __ h __ min	____ min __ h __ min	____ min __ h __ min	____ min __ h __ min	____ min __ h __ min	____ min __ h __ min

2 Übertrage die Daten in die Balkendiagramme.

Jungen: Nutzungsdauer digitaler Medien

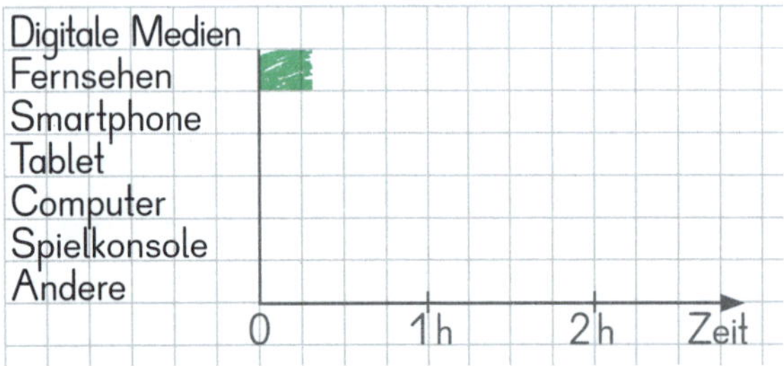

Mädchen: Nutzungsdauer digitaler Medien

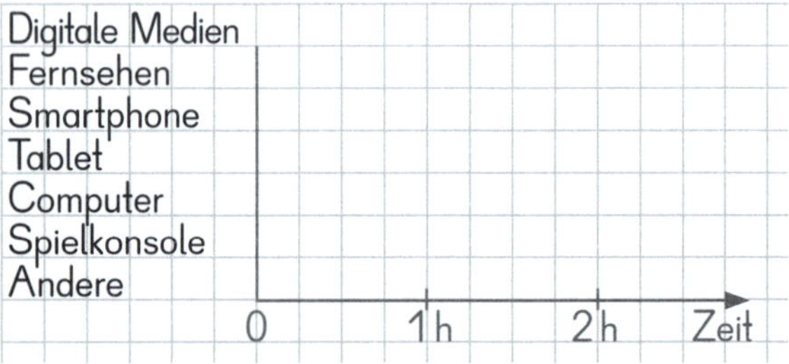

3 Betrachte die Daten aus den Aufgaben 1 und 2. Sind die Aussagen richtig oder falsch? Kreuze an.

	richtig	falsch
a) Am wenigsten nutzen Jungen und Mädchen andere digitale Medien.	◯	◯
b) Die Jungen haben insgesamt 15 Minuten mehr ferngesehen.	◯	◯
c) Sowohl bei den Jungen als auch bei den Mädchen gibt es zwei digitale Medien, die gleich viel genutzt wurden.	◯	◯
d) Nur die Nutzungsdauer vom Tablet ist bei den Mädchen und Jungen gleich.	◯	◯
e) Insgesamt haben die Mädchen eine höhere Nutzungsdauer als die Jungen.	◯	◯

› zu Schulbuch-Seite 106

1 Die Kinder der Klasse 4b erzählen, wie lange sie in der Nacht von Samstag auf Sonntag geschlafen haben. Sie haben Gruppen gebildet, jede Gruppe hat zu den Ergebnissen jeweils ein Balkendiagramm gezeichnet. Eine Stunde (h) ist ein Kästchen.

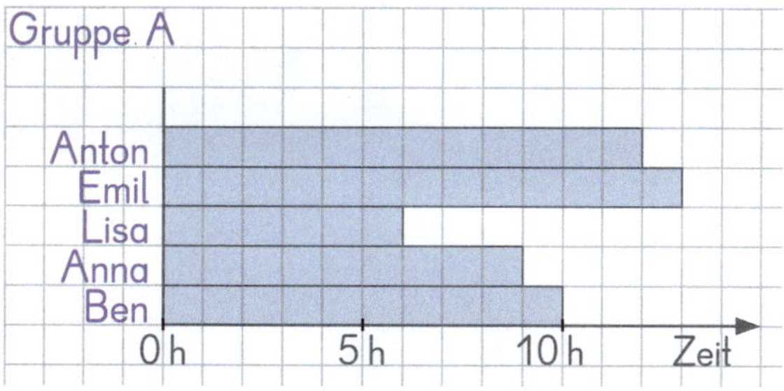

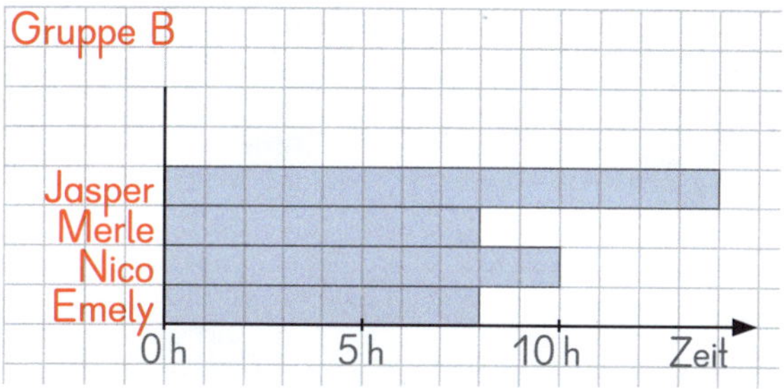

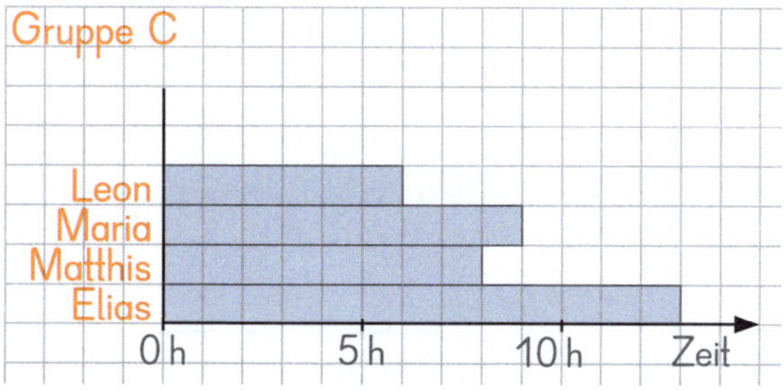

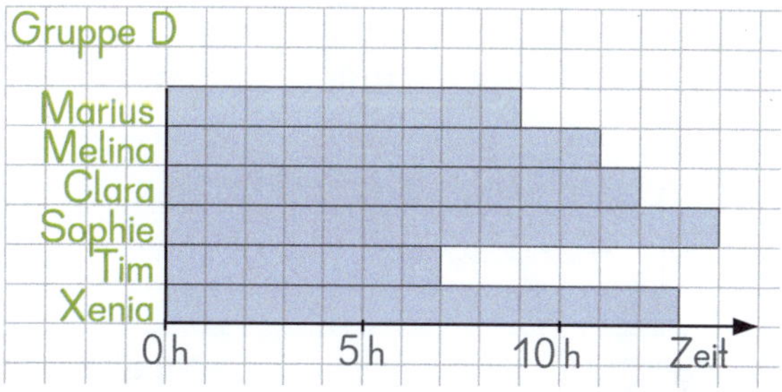

Wie viele Stunden (h) haben die Kinder jeder Gruppe im Durchschnitt geschlafen?

	Gruppe A	Gruppe B	Gruppe C	Gruppe D
Stunden (h) zusammen				
Anzahl Kinder				
Durchschnitt (h)				

2 Wie viele Stunden haben die Mädchen der Klasse im Durchschnitt geschlafen?

Zeit insgesamt: 6 h + 9 h + 8 h + ______________________

Anzahl Mädchen: ______

Durchschnitt (h): ______________

3 Wie viele Stunden und Minuten haben die Jungen der Klasse im Durchschnitt geschlafen?

Zeit insgesamt: ______________________

Anzahl Jungen: ______

Durchschnitt (h): ______________

› **Hinweis:** Das Thema „Durchschnitt" ist **kein verbindlicher Inhalt des LehrplanPLUS**.

› zu Schulbuch-Seite 107

Sachsituationen: Ameisen

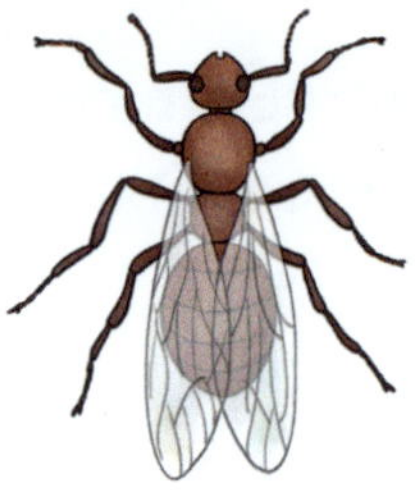
Königin

Arbeiterin

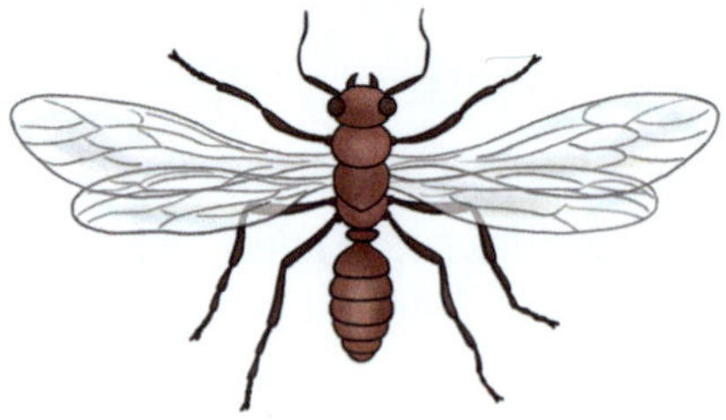
Drohne

Weltweit gibt es über 10 000 Ameisenarten, 200 davon leben in Europa. Die bekannteste Ameisenart ist die rote Waldameise. Sie lebt vor allem in Wäldern und auf Wiesen.
Alle Ameisen gehören zu den Insekten. Sie haben sechs Beine, einen harten Panzer und einen dreiteiligen Körper, der aus Kopf, Brust und Hinterleib besteht. Ameisen können rötlich-braun, schwarz oder auch gelblich sein.
In einem Ameisenstaat leben zwischen 200 000 und zwei Millionen Ameisen zusammen. Ameisen sind sehr stark, sie können bis zum 30-Fachen ihres Körpergewichts tragen, das sind etwa 50 g. Ein Ameisenvolk kann am Tag bis zu 100 000 schädliche Insekten verzehren. Daher werden sie auch als Gesundheitspolizei des Waldes bezeichnet.

Königin
Sie wird etwa 11 mm lang. Sie hat Flügel und kann bis zu 25 Jahre alt werden. Nur sie kann Eier legen, etwa 300 Eier am Tag.

Arbeiterin
Sie wird etwa 7 mm lang. Sie hat keine Flügel und kann bis zu drei Jahre alt werden. Die Arbeiterin kümmert sich um den Nachwuchs, den Nestbau und besorgt Futter.

Drohne
Sie wird etwa 11 mm lang. Sie hat Flügel. Ihre einzige Aufgabe ist die Befruchtung der Königin beim Hochzeitstanz. Direkt danach stirbt sie.

1 a) Wie viele Ameisenarten leben außerhalb von Europa?

____

b) Was gehört zum Körper einer Ameise?

____

2 a) Wie viele Jahre kann eine Ameisenkönigin länger als eine Arbeiterin leben?

____

b) Wie viele Millimeter ist eine Drohne im Vergleich zur Arbeiterin ungefähr größer?

____

3 Wie viele schädliche Insekten kann ein Ameisenvolk verzehren?
a) in einer Woche ____________________
b) in einem Monat (30 Tage) ____________________

4 Kann eine Ameise eine Tafel Schokolade tragen? Begründe.

____

____

› zu den Schulbuch-Seiten 108 u. 109

1 Wie groß ist der Radius (r) der Kreise?

a) Kreis A: r = _____ cm _____ mm

b) Kreis B: r = _____ cm _____ mm

c) Kreis C: r = _____ cm _____ mm

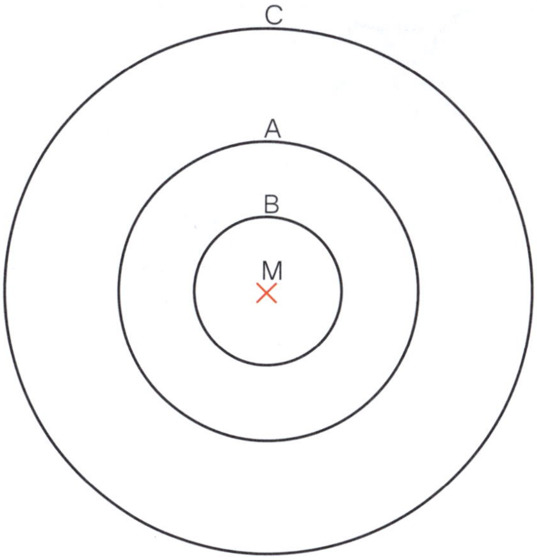

2 Zeichne drei weitere Kreise um den Mittelpunkt M.

a) Kreis D mit dem Radius r = 4 cm

b) Kreis E mit dem Radius r = 3 cm

c) Kreis F mit dem Radius r = 2 cm 5 mm

3 So zeichnest du eine Sechserrosette.
Zeichne eine Rosette mit dem Radius r = 3 cm.

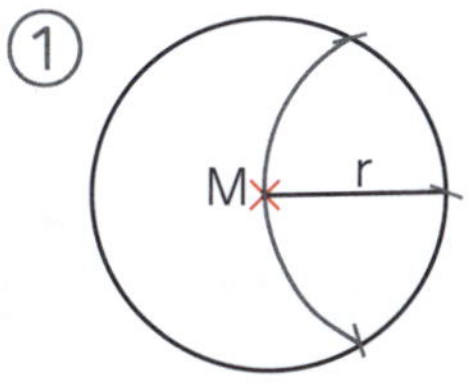

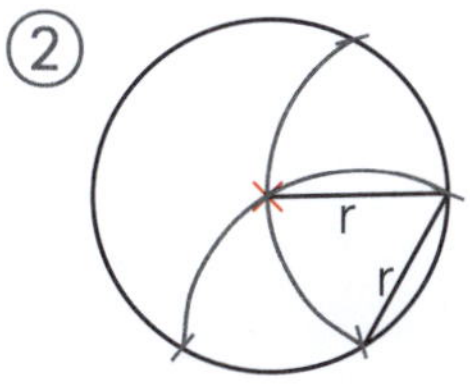

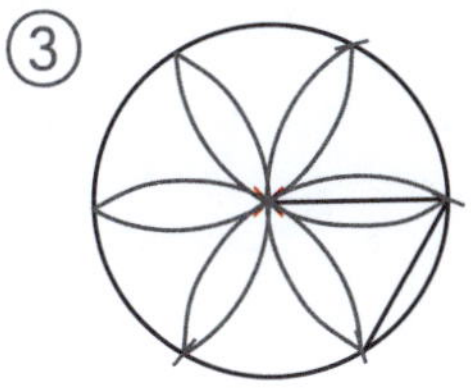

M

4 Zeichne mit dem Zirkel und mit dem Geodreieck:

a) zwei Kreise mit den Radien 4 cm und 2 cm um den Mittelpunkt M,

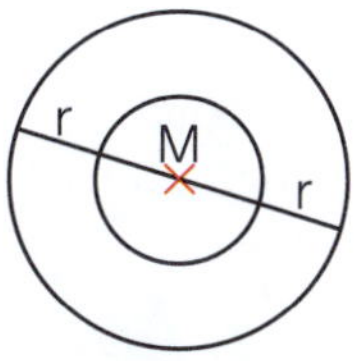

b) die Senkrechte zum Radius durch den Mittelpunkt M und

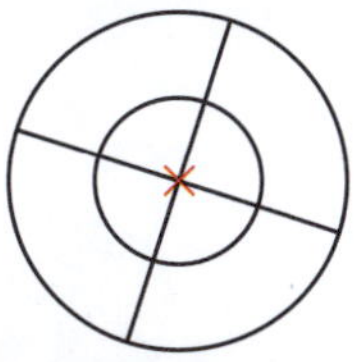

M

c) vier Halbkreise. Male die Halbkreise aus.

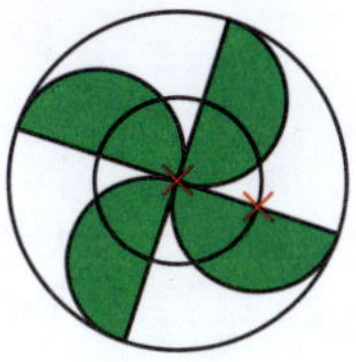

› zu den Schulbuch-Seiten 113 u. 114

Achteck und Sechseck

1 a) Zeichne ein Achteck.
Verbinde die gegenüberliegenden Ecken des vorgegebenen Quadrates.
Zeichne dann einen Kreis ein.
Verbinde die gegenüberliegenden Berührungspunkte von Kreis und Quadrat.
Verbinde die Schnittpunkte zu einem Achteck.

b) Male das Achteck mit drei Farben so aus, dass es achsensymmetrisch ist.

2 a) Zeichne das Sechseck fertig.
Verbinde dazu die Punkte mit dem Lineal.

b) Male das Sechseck mit zwei Farben so aus, dass es achsensymmetrisch ist.

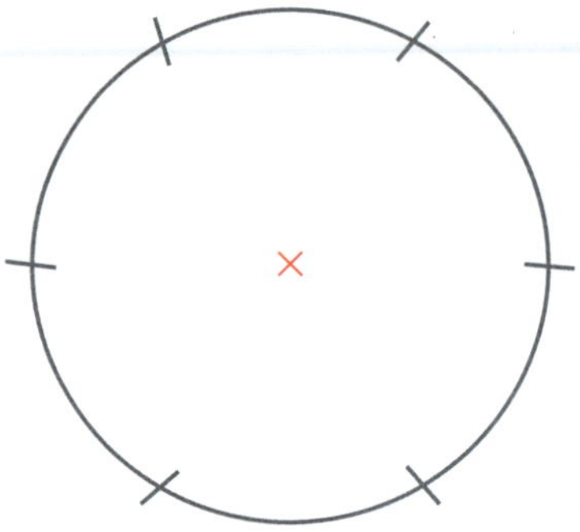

3 a) Zeichne das Sechseck fertig.
Trage dazu den Radius sechsmal ab. Verbinde dann die Punkte mit dem Lineal.

b) Male das Sechseck mit drei Farben so aus, dass es nicht achsensymmetrisch ist.

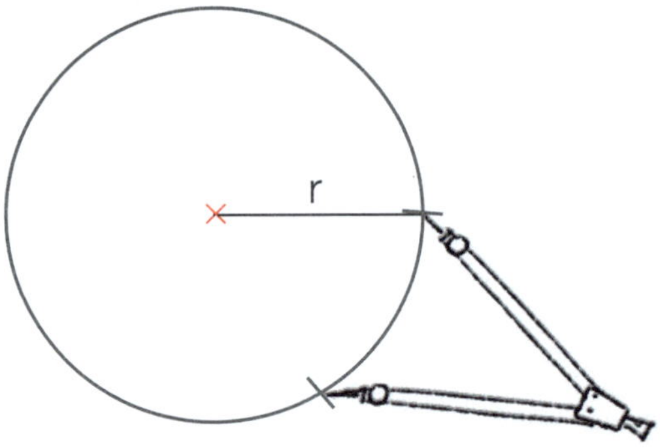

4 Viele Achtecke. Sind sie achsensymmetrisch? Prüfe und trage ein.

A
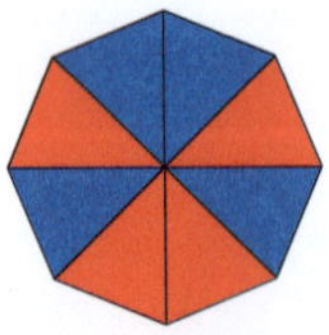
B
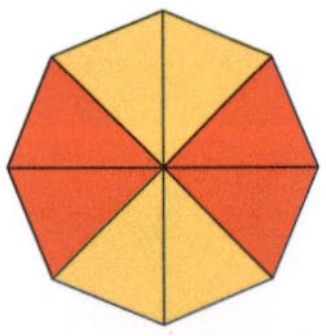
C

D

E

F

G

H
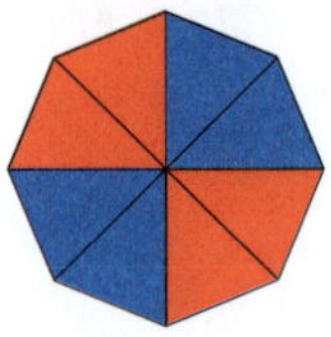

Genau eine Symmetrieachse haben diese Achtecke: ______________________

Genau zwei Symmetrieachsen haben diese Achtecke: ______________________

Keine Symmetrieachse haben diese Achtecke: ______________________

1 Zeige die Grundfigur. Setze das Bandornament fort. Zeichne freihändig.

a) 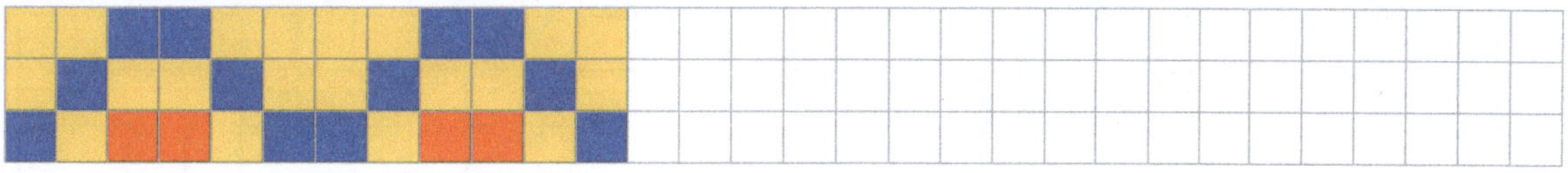

b) 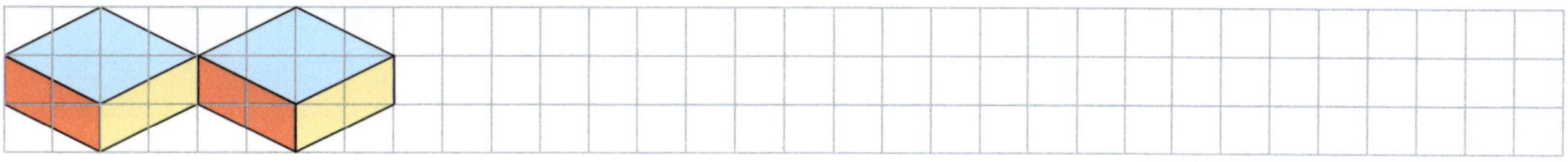

2 Setze das Bandornament fort. Zeichne mit dem Geodreieck.

a) 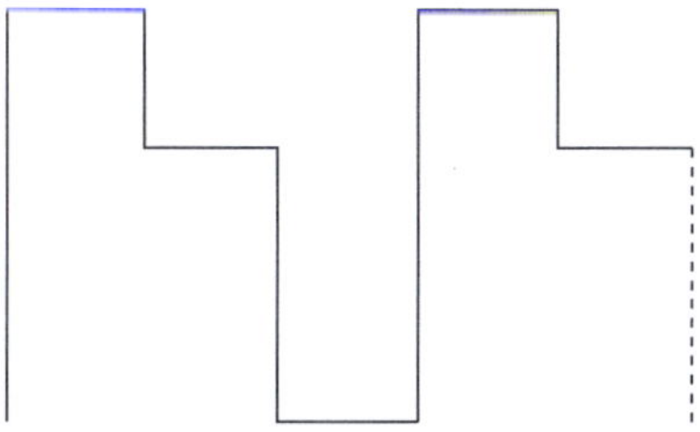

b) 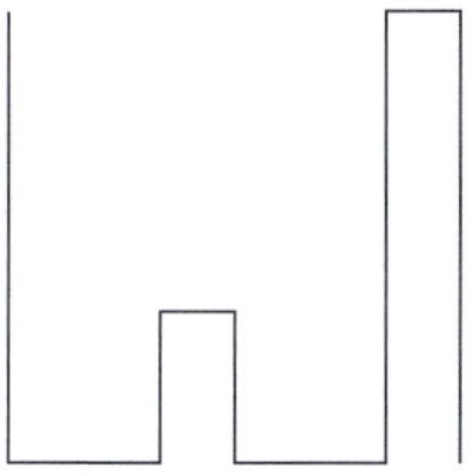

3 Setze das Bandornament fort. Zeichne mit dem Zirkel.

a) 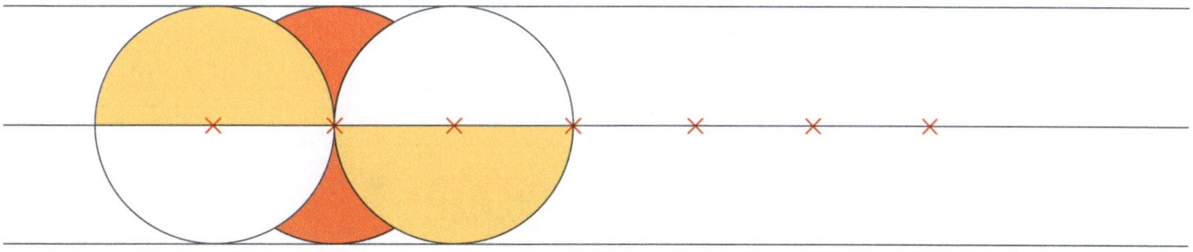

b) 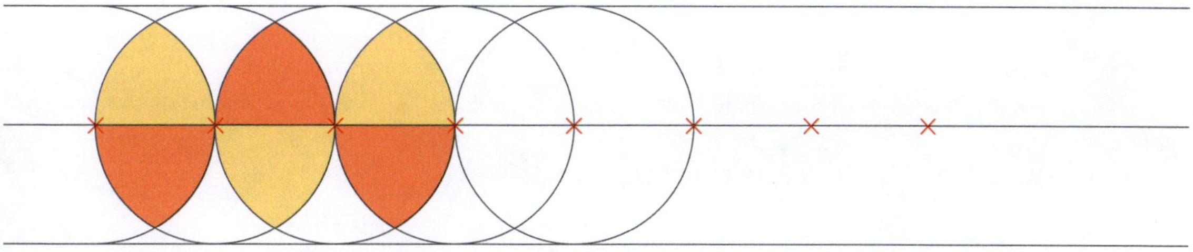

› zu Schulbuch-Seite 116

Parkett A

Parkett B

1 Leo und Kim legen die Parkette mit Papieren nach. Sie haben gerade erst angefangen.

Wer legt welches Parkett? Leo legt Parkett ___. Kim legt Parkett ___.

2 Die Zeichnung von Parkett A ist noch nicht fertig.
Zeichne weiter und färbe.

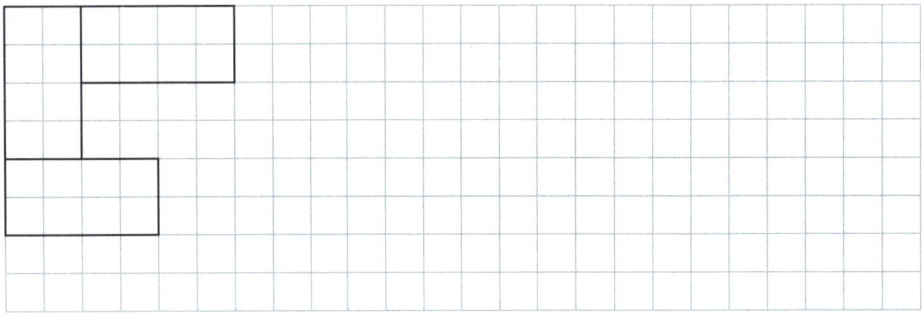

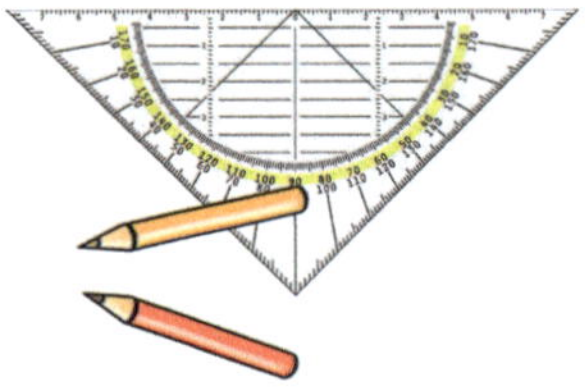

3 Die Zeichnung von Parkett B ist noch nicht fertig.
Zeichne weiter und färbe.

1 Verkleinere die Figur.
Verkürze die Seiten
nach der Regel
„Aus 2 wird 1“.

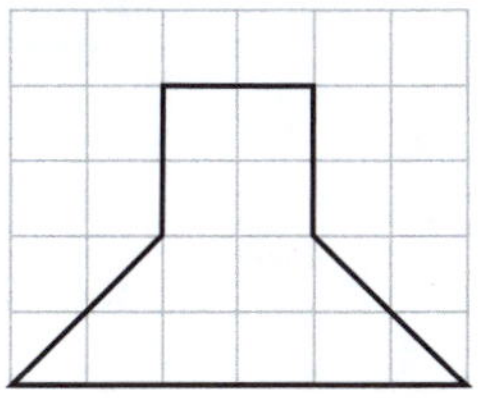

2 Vergrößere die Figur.
Verlängere die Seiten nach Zahlines Regel.

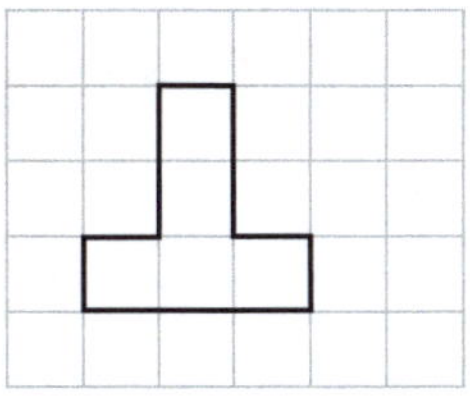

3 Vergrößere das Muster und setze es fort.
Verlängere die Seiten nach der Regel „Aus 1 wird 4“.

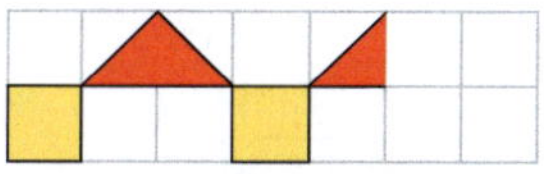

4 Zeichne den Fisch nach der Regel „Aus 2 wird 1“.

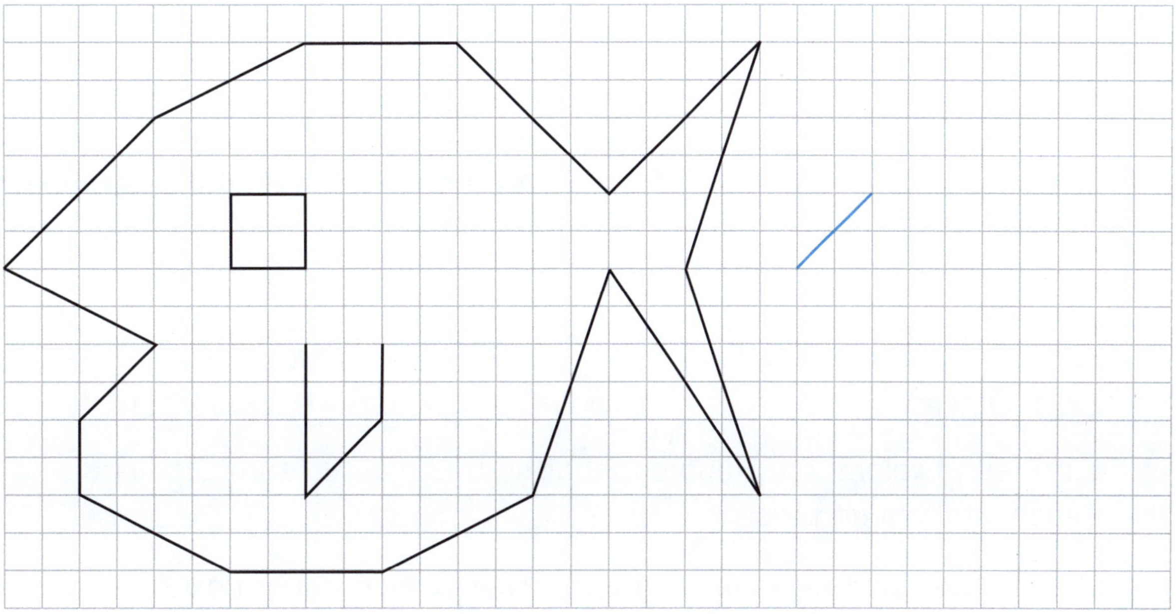

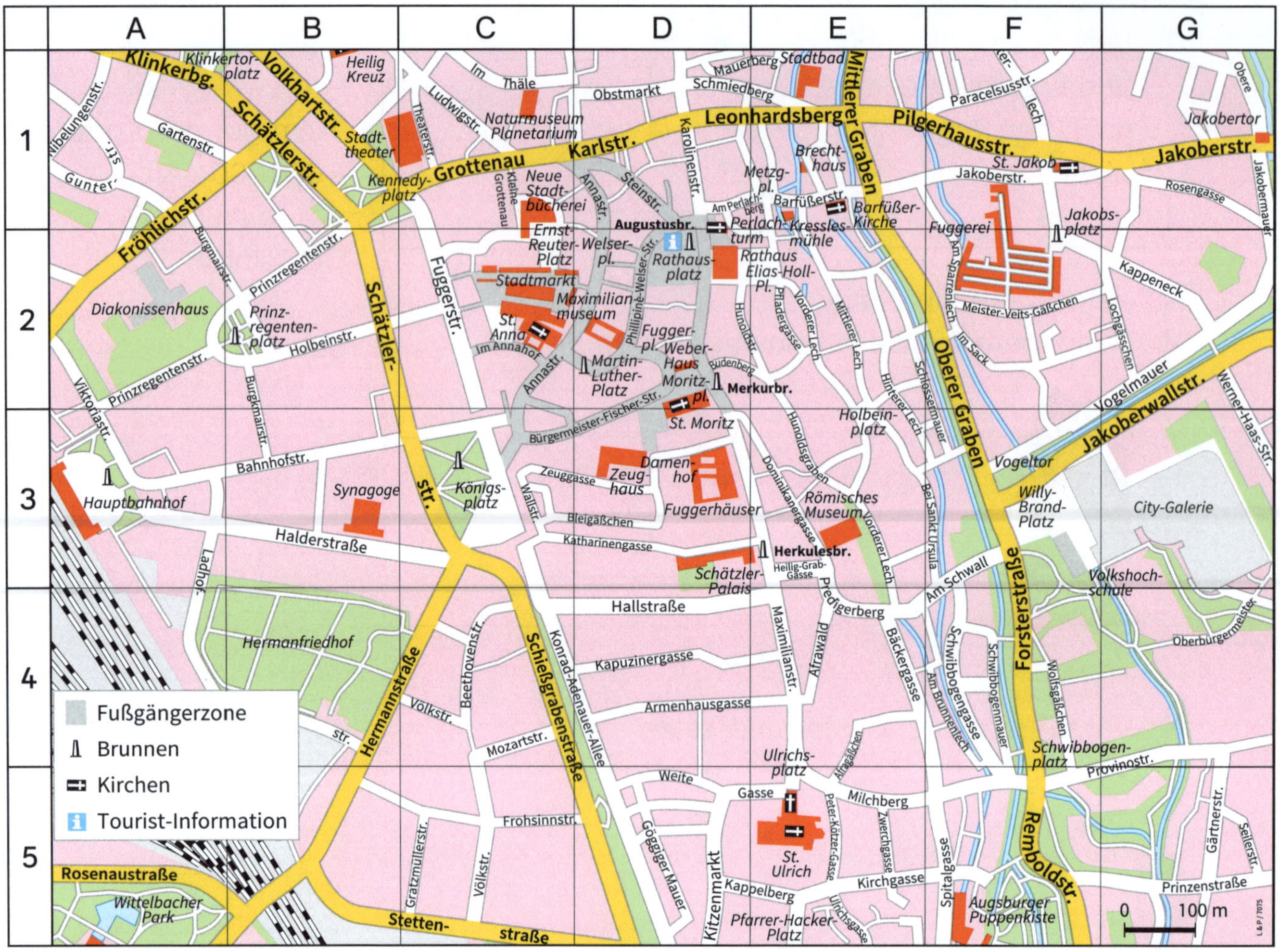

1 Mutter und Nora kommen mit dem Zug am Augsburger Hauptbahnhof an.

a) Der Hauptbahnhof liegt im Planquadrat ______.

b) Die Annastraße ist die bekannteste Einkaufsstraße Augsburgs.
In welchen Planquadraten liegt sie? ______________________________

c) Augsburg ist wegen seiner Brunnen bekannt. Nora geht mit ihrer Mutter vom Planetarium zur Kirche St. Ulrich. An welchen Brunnen kommen sie vorbei?

____

2 Findest du die Orte? Kreise sie im Stadtplan ein. Vergleicht.

a) Königsplatz b) Rathaus c) Synagoge d) Stadttheater e) St. Jakob

3 In welchen Planquadraten liegen diese Sehenswürdigkeiten?

a) Zeughaus: ______ b) Fuggerei: ______

c) Neue Stadtbücherei: ______ d) Römisches Museum: ______

e) St. Ulrich: ______ f) Augsburger Puppenkiste: ______

4 Ein Freund kommt am Hauptbahnhof an und möchte zum Stadtbad. Beschreibt ihm den Weg.

5 Beschreibe einen eigenen Weg. Ein anderes Kind nennt das Ziel.

› zu Schulbuch-Seite 123

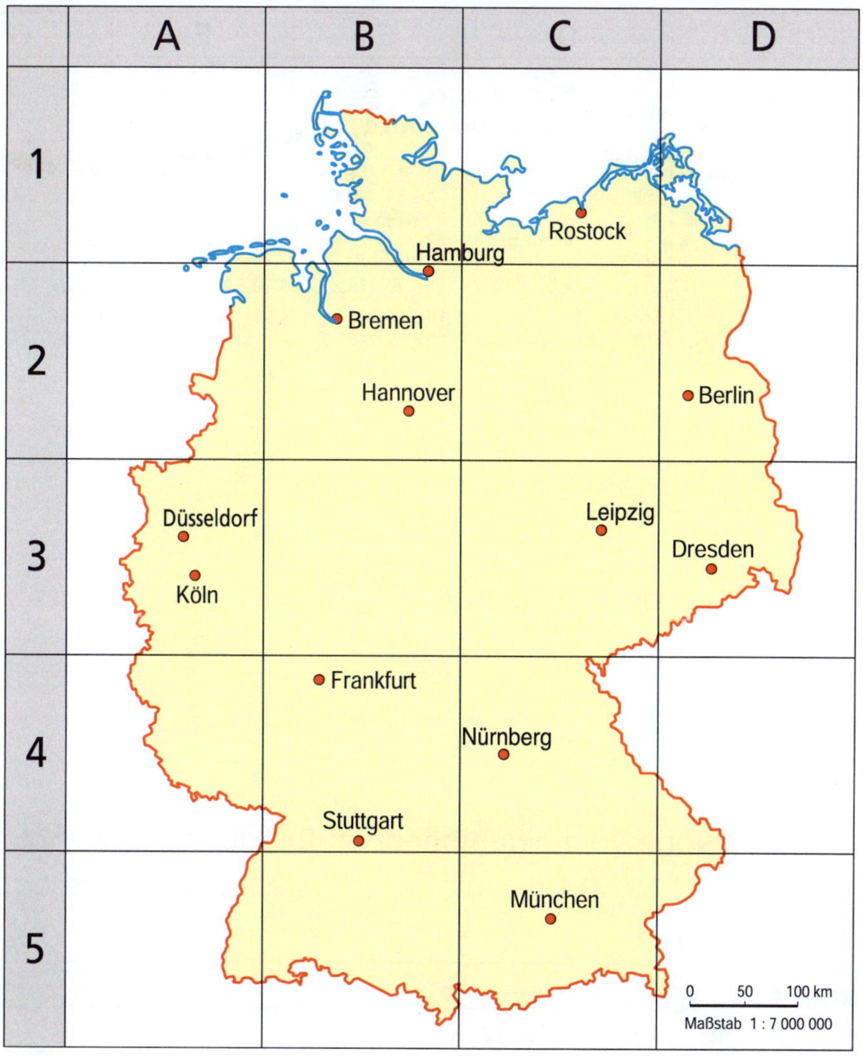

Maßstab
1 : 7000000

1 cm auf der Karte sind 7000000 cm in der Wirklichkeit.
Das sind

_________ m

oder

_________ km.

1 Fülle die Tabelle aus.

Karte	Wirklichkeit
1 cm	km
2 cm	
3 cm	
4 cm	
5 cm	
6 cm	
7 cm	
1 mm	
5 mm	

2 Das ist eine Karte von Deutschland. Die Karte ist in Planquadrate eingeteilt. Nürnberg liegt im Planquadrat C4. Wo liegen diese Städte?

a) Frankfurt: _____ b) Hamburg: _____ c) Rostock: _____
d) Bundeshauptstadt: _____ e) Leipzig: _____ f) Bremen: _____
g) Köln: _____ h) Hannover: _____ i) Stuttgart: _____
j) Bayerns Landeshauptstadt: _____

3 Wie weit sind die Städte ungefähr voneinander entfernt? Miss die Luftlinie und berechne die Entfernung.

a) Hannover – Frankfurt _______ km b) Hannover – Berlin _______ km
c) Berlin – München _______ km d) Bremen – Köln _______
e) Köln – Leipzig _______ f) _______ – _______ _______

4 Welche Stadt auf der Karte ist am weitesten von München entfernt? _______________

Wie weit ist die Entfernung? _________ km

› 1 Hinweis: Einzelne Lösungen gehen über den Zahlenraum des LehrplanPLUS hinaus.

Fahrplan

1 Jan wohnt mit seinen Eltern in Würzburg am Wagnerplatz. Heute wollen sie zum Dom. Sie fahren mit der Straßenbahn.

Sie möchten zwischen 16 Uhr und 17 Uhr fahren. Wann fahren die Bahnen zwischen 16 Uhr und 17 Uhr?

5	Montag – Freitag							
Wagnerplatz	16.08	16.18	16.28	16.38	nach 20 Uhr alle 15 Minuten	20.03	20.18	20.33
Berliner Platz	16.11	16.21	16.31	16.41		20.06	20.21	20.36
Hauptbahnhof	16.13	16.23	16.33	16.43		20.08	20.23	20.38
Juliuspromenade	16.14	16.24	16.34	16.44		20.09	20.24	20.39
Dom	16.17	16.27	16.37	16.47		20.12	20.27	20.42
Rathaus	16.18	16.28	16.38	16.48		20.13	20.28	20.43
Neubaustraße	16.20	16.30	16.40	16.50		20.15	20.30	20.45
Sanderring	16.11	16.31	16.41	16.51		20.16	20.31	20.46
Löwenbrücke	16.24	16.34	16.44	16.54		20.19	20.34	20.49
Ruderzentrum	16.27	16.37	16.47	16.57		20.22	20.37	20.52

____

____

2 Jans Familie ist um 16.30 Uhr an der Haltestelle Wagnerplatz.

a) Wann fährt die nächste Bahn? ____________________

b) Wann kommt die Bahn am Dom an? ____________________

c) Wie lange braucht sie für die Strecke? ____________________

3 Jans Freund Kai wohnt in der Nähe vom Hauptbahnhof. Er will mit seiner Mutter zum Dom. Die beiden stehen um 16.50 Uhr an der Haltestelle am Hauptbahnhof.

a) Wann fährt die nächste Bahn? ____________________

b) Wann kommt die Bahn an? ____________________

c) Ist die Strecke länger oder kürzer als die von Jan? ____________________

4 Um 18.30 Uhr sind die beiden Familien wieder an der Haltestelle Dom.

a) Wann können sie Richtung Wagnerplatz fahren? Notiere die Uhrzeit.

____

b) Wann kommen sie an der Haltestelle Hauptbahnhof an?

____

5	Montag – Freitag						
Ruderzentrum	16.13	16.23	16.33	nach 20 Uhr alle 15 Minuten	20.03	20.18	20.33
Löwenbrücke	16.15	16.25	16.35		20.05	20.20	20.35
Sanderring	16.19	16.29	16.39		20.09	20.24	20.39
Neubaustraße	16.20	16.30	16.40		20.10	20.25	20.40
Rathaus	16.22	16.32	16.42		20.12	20.27	20.47
Dom	16.23	16.33	16.43		20.13	20.28	20.43
Juliuspromenade	16.26	16.36	16.46		20.16	20.31	20.46
Hauptbahnhof	16.27	16.37	16.47		20.17	20.32	20.47
Berliner Platz	16.28	16.38	16.48		20.18	20.33	20.48
Wagnerplatz	16.31	16.41	16.51		20.21	20.36	20.51

5 Jan geht noch mit zu Kai. Er soll um 20 Uhr zu Hause sein.

a) Wann fahren die Bahnen zwischen 19 Uhr und 20 Uhr?

____

____

b) Welche ist die letzte Bahn, die Jan nehmen kann, um pünktlich zu sein?

____

› zu Schulbuch-Seite 126

Anzahl der Sonnenstunden in den Bundesländern

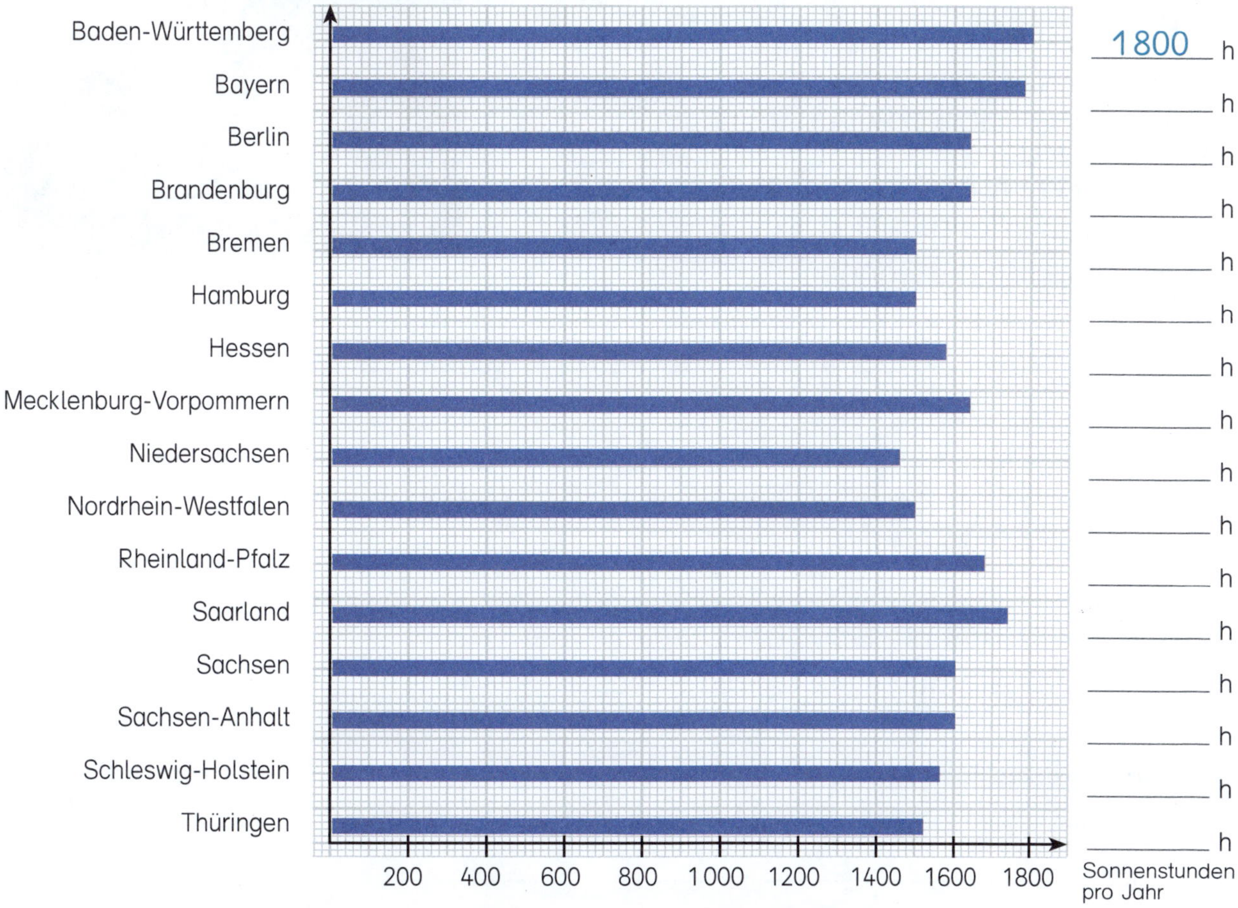

1 Wie viele Sonnenstunden gibt es in den Bundesländern? Lies ab und trage die Anzahl hinter den Streifen ein. Beachte: 1 Kästchenlänge sind 20 Stunden.

2 In welchem Bundesland würde eine Solaranlage den meisten Strom erzeugen? In welchem Bundesland würde sie am wenigsten Strom erzeugen?

am meisten: ____________________ am wenigsten: ____________________

3 Familie Fischer wohnt in Bayern. Sie hat eine Solaranlage auf dem Hausdach. Mit jeder Sonnenstunde erzeugt die Solaranlage etwa 6 Kilowattstunden (kWh) Strom aus Sonnenenergie. Wie viel Strom ist das ungefähr im Jahr?

____

4 Wie viel Strom würde die Solaranlage produzieren, wenn das Haus

a) in Berlin stehen würde? ____________________

b) in Thüringen stehen würde? ____________________

c) in Bremen stehen würde? ____________________

5 An der Costa Blanca in Spanien gibt es durchschnittlich so viele Sonnenstunden im Jahr wie in Niedersachsen und Hamburg zusammen. Wie viel Strom könnte die Anlage dort produzieren?

____

› 6 Eine Kilowattstunde (kWh; h = Stunde) ist die Menge Energie, die ein Elektrogerät mit einer Leistung von 1 000 Watt (= 1 Kilowatt) in einer Stunde verbraucht.

› zu Schulbuch-Seite 128

Die Anbieter von Filmen im Internet nutzen Computer zur Datenübertragung. Diese Computer verbrauchen viel Strom und verursachen so einen hohen CO_2-Ausstoß. Bei der Übertragung von einer Stunde Film in HD-Qualität sind das ungefähr 150 g CO_2.
Übertragungen über das Glasfasernetz sind wesentlich klimafreundlicher. Bei der Übertragung von einer Stunde Film in HD-Qualität entstehen hier nur ungefähr 2 g CO_2.

1 Familie Müller schaut in einer Woche durchschnittlich zwölf Stunden Filme in HD-Qualität über das Internet.

a) Familie Müller hat keinen Glasfaseranschluss.
Wie hoch ist der durchschnittliche CO_2-Ausstoß in einer Woche durch das Anschauen der Filme?

A: ____________________

b) Wie viel CO_2 würde Familie Müller pro Woche einsparen, wenn sie einen Glasfaseranschluss hätte?

A: ____________________

2 Die Tochter Elena Müller ist sehr umweltbewusst. Sie möchte deshalb pro Woche zwei Stunden weniger Filme über das Internet schauen.
Wie viel CO_2 spart Elena so in einem Jahr ein?

A: ____________________

› Möglicher Diskussionsanlass zu Einsparpotenzial von CO_2 im Haushalt, in der Schule usw.

› zu Schulbuch-Seite 131